CRICUT DESIGN SPACE

Introducción

La cricut en sí es increíble por el espacio de diseño. Mucha gente ha oído hablar de una máquina Cricut y ha estado haciendo un gran revuelo en el mundo de la artesanía debido a todo lo que se puede hacer con ella. Usted puede ser sorprendido para descubrir que usted podría utilizar esta máquina con muchos diversos materiales y puede ser una manera agradable de hacer algunos grandes artículos.

Cricut Design Space es una plataforma centrada en la nube. Pero necesitas una conexión fiable a Internet de alta velocidad para sacar el máximo partido a la tecnología con tus proyectos. La tecnología de la nube también le ayuda a controlar su cuenta, sus planes, sus aplicaciones y todo dentro de la sala de diseño desde cualquier dispositivo en cualquier parte del mundo, siempre y cuando tenga sus claves y esté conectado a Internet El software es fácil de usar, y el software es claro. Te permite llevar a cabo tus ideas. El software te informará de dónde poner tu puntuación o escritura en tu teléfono. Esto también muestra cuando se detiene.

Cuando las máquinas Cricut salieron por primera vez, necesitabas cartuchos para poder cortar las letras y las formas que querías usar para tus artículos, pero ahora, ¡no necesitas cartuchos en absoluto! Ahora todo se hace digitalmente porque todo el mundo entiende que tenemos la tecnología avanzada a nuestros pies, y debemos utilizarla en nuestro beneficio.

Design Space es un software sin suscripción que se utiliza con las máquinas Cricut para crear proyectos de diseño de manualidades. Viene con una biblioteca llena de imágenes, proyectos ya hechos que se pueden personalizar y la posibilidad de cargar los propios.

Con Design Space, puedes crear diversas manualidades, desde tarjetas de felicitación hasta calcomanías para la pared, estampados para prendas de vestir, etiquetas para perros y algunas manualidades en madera.

La mayoría de las máquinas Cricut funcionan ahora a través de Bluetooth o Wi-Fi, lo que significa que puedes diseñar con tu iPad o iPhone. También puedes utilizarla desde tu ordenador. Esto hace que el diseño de tus pasiones sea más fácil que nunca y que tengas una completa versatilidad que te ayudará a ser capaz de hacer lo que quieras y tener opciones creativas para ti. Si quieres aprender más sobre la máquina Cricut, echa un vistazo a mis otros libros:

- Cricut para principiantes

Una guía práctica para utilizar una máquina cricut y crear sus ideas de proyectos y manualidades con instrucciones ilustradas

- Ideas de proyectos Cricut para Cricut Maker, Cricut Explore Air 2 y Cricut Design

Una guía paso a paso llena de ideas ilustradas para crear artículos de artesanía únicos

- Ideas de proyectos Cricut

Una guía paso a paso para aprender a diseñar y crear ideas para cricut con ejemplos prácticos ilustrados.

Hay cuatro tipos de máquinas Cricut que son las más populares; la Cricut Maker, la Cricut Explore Air, la Cricut Explore one y la Cricut Explore Air 2. Puede ser difícil elegir entre ellos, pero usted debe saber que cada máquina Cricut tiene cosas en común, incluyendo lo que vienen con.

Todas las máquinas vienen con los

siguientes elementos. Materiales para el

proyecto de práctica

Un adaptador de

corriente Una

máquina de corte

Acceso a proyectos gratuitos listos para realizar

Una alfombra de corte de 30 por 30 centímetros

Un cable USB

Una membresía gratuita (es sólo de prueba) para acceder

a la Guía Cricut para facilitar la configuración

Cuchilla de punta fina (que es premium) y carcasa para la cuchilla

Otra cosa que debes saber es que hay modelos específicos que vienen con elementos adicionales, así como un bolígrafo especializado para escribir, diferentes cuchillas o incluso ruedas.

Una máquina Cricut es una máquina de corte. Precisamente lo que se conoce como una máquina de troquelado. Se puede utilizar para la elaboración de papel junto con otros suministros de artesanía también. Es una máquina que presume de ser estupenda para hacer manualidades con precisión. Mucha gente piensa que estas máquinas sólo cortan papel, pero cortan mucho más que eso.

Así que ahora que sabes qué es la máquina, te diremos qué hace y por qué es tan increíble. Empecemos. Cuando usas tu ordenador o smartphone, o cualquier forma que decidas usar para esto, se conecta a tu máquina y entonces enviará cualquier diseño que elijas a tu máquina de corte. El diseño indicará lo que necesita. Es decir, si necesita un bolígrafo, ser marcado o cortado. Luego tu máquina hace el resto por ti.

Cada máquina tiene su software que está con su marca. Será gratuito para usar y descargar en su máquina. Cricut incluso tiene una aplicación que puedes utilizar. La aplicación es fácil de usar y puedes subir imágenes y crear diseños. Puedes hacer tus diseños desde cero o comprar los diseños de otros. También puedes subir imágenes y comprar diseños desde la aplicación y modificarlos a tus diseños personalizados.

La aplicación es fácil de usar, y el software es muy sencillo a la vez que fácil de usar. Te da la libertad de tener creatividad con tus proyectos. Lo que hagas en ella le dirá a tu máquina dónde tiene que marcar o escribir. También nos dice dónde hay que cortar.

Si sólo hay un paso, la máquina puede hacer un diseño completo. Sin embargo, si hay varios pasos, la máquina se lo comunicará a través del dispositivo que tenga conectado.

El modelo Maker viene en tres colores, mientras que la serie Explore viene en muchos más, aunque también hay otras diferencias entre ellos. La primera de la serie Explore es la máquina básica en su línea, lo cual es beneficioso ya que siempre es la más barata. Dependiendo de lo que quieras que haga tu máquina, pueden costar más de

$ 300. Explore air 2 es su modelo más nuevo. Como tal, tiene más características y tiene el precio más alto de las máquinas.

El Maker está solo en su categoría y se dice que tiene más versatilidad que los otros y es el único con un sistema de herramientas adaptable para que usted lo aproveche. Es único también en el hecho de que tiene un conjunto de herramientas que puede obtener más materiales que antes. Incluso tiene una tecnología que controla la dirección de su cuchilla así como la presión con una acción rodante. Esto significa que va a ser capaz de trabajar con su material mucho mejor.

Ya has aprendido lo básico y sabes lo que hace una Cricut. Ahora te preguntarás qué tipo de proyectos o diseños puedes hacer con ella. Hablaremos de ello más adelante en este libro, ya que hay cientos de formas diferentes de utilizarla. Las plumas también ayudan a los diseños. Una máquina como esta utiliza diferentes para diferentes propósitos y proyectos y son geniales para que tu máquina haga exactamente lo que quieres.

Una máquina como esta no es necesariamente una impresora, pero se puede decir que se acerca. Si utilizas la opción de imprimir y luego cortar te permitirá tener cualquier diseño para tu proyecto, y lo tomará de ahí para que puedas utilizarlo adecuadamente. Si quieres pensar en esto fácilmente sería un poco como hacer pegatinas.

También corta más que el papel. Estas máquinas ya no son sólo para los aficionados al scrapbooking. Corta mucho más que eso. Por ello, este libro incluirá una lista maestra de todo lo que funcionará con su máquina y cómo obtener el máximo beneficio de ella. Vamos a ver cómo elegir el modelo de Cricut adecuado para usted y sus necesidades. Sigue leyendo.

- ## Comprar la mejor máquina Cricut

Tipos de máquinas Cricut

Cortadora electrónica personal Cricut

La primera de la serie de máquinas de corte Cricut, la fundamental Cricut Personal Electronic Cutter, es perfecta para el scrapbooking, la creación de tarjetas y todo tipo de manualidades en papel. Sólo tienes que poner en un cartucho, elegir su diseño, la fuente o la forma, por lo que la Cricut Personal Electronic Cutter crea magníficos troqueles cada vez. Esta máquina Cricut en particular incluye un cartucho de letras, números, frases y formas básicas, además de un cortador único junto con una alfombra de corte. La Cricut Personal Electronic Cutter también puede rebajar formas personalizadas y es apta para otros cartuchos de Cricut, así como para suministros.

C ricut C ake

La Cricut Cake es una nueva máquina de corte también de moda, creada específicamente para permitirle decorar otros, cupcakes, galletas y pasteles. Utilizando fondant y pasta de goma en lugar de papel y cartulina, puede cortar formas, diseños y palabras comestibles con prácticamente cualquier cartucho Cricut. A los decoradores de pasteles experimentados les encantará la precisión y el ritmo de la decoración con la Cricut Cake, y a los novatos les gustará su capacidad y comodidad para crear resultados expertos. Utilice la Cricut Cake y el kit de herramientas para tartas de Cricut para complementar la decoración de las invitaciones y la decoración de una fiesta, o incluso utilícela sólo para disfrutar de la decoración de los dulces caseros.

C ricut I magine

La máquina de impresión y corte Cricut Imagine fusiona la capacidad de impresión de inyección de tinta con la calidad de troquelado de la impresora Cricut inicial para crear diseños a todo color y con calidad fotográfica. Esta combinación particular significa que los troquelados suyos van a tener texturas, patrones, dimensión y detalle junto con colores vivos. La Cricut Imagine simplifica el procedimiento de estratificación de componentes ornamentales en tarjetas y páginas de álbumes de recortes, y también es adecuada para otras

Los cartuchos de Cricut le proporcionan una amplia biblioteca de estilos para embellecer.

C ricut E x presión

La impresora de corte Cricut Expression es significativamente más grande en comparación con otras cortadoras Cricut, lo que le permite cortar las mismas formas, frases y diseños que otras cortadoras pero en tamaños más grandes. Los grandes troqueles creados por la Cricut Expression son ideales para la decoración del aula y del hogar, carteles, letreros, diseños de álbumes de recortes y otras cosas.

Suministros vitales de Cricut: Una vez que haya seleccionado el mejor ordenador de corte Cricut para los proyectos de artesanía de los suyos, usted tendrá que comprar los cartuchos, y la de la tinta y el cd necesario para muchos trabajos de corte de troquel. Usted encontrará un montón de cartuchos Cricut que usted puede seleccionar; algunos se hacen especialmente para la Cricut Cake o tal vez Cricut Imagine máquinas de corte, pero muchos son compatibles con la mayoría de los dispositivos. Abastézcase de varios cartuchos de fuentes para expresar los sentimientos de los suyos en las tarjetas caseras; los cartuchos Cricut con temas de vacaciones o deportes son estupendos para celebrar un evento o incluso para redecorar una página de álbum de recortes. La Cricut Image exige la tinta correcta para crear los troqueles de color, así que asegúrese de tener la tinta de impresora adecuada autorizada por Cricut para esa máquina. Si desea ser mucho más innovador, compre la aplicación Cricut Design Studio. Este programa le permite personalizar algunas formas de cartuchos o diseñar las suyas propias con su ordenador. Algunas opciones que vienen con el Cricut Design Studio son la capacidad de cambiar el tamaño, rotar, inclinar, voltear, así como buscar diseños e imágenes en la biblioteca.

Suministros adicionales de Cricut: Con una cortadora Cricut y algunos cartuchos, hacer scrapbooking y tarjetas es más sencillo que nunca. Lleve su creatividad al siguiente nivel con material de plantilla con soporte adhesivo, recortadores, material magnético, alfombrillas de corte adicionales y almacenamiento y cuchillas. Utiliza un cortador Cricut para crear tus propios imanes y pegatinas. Los recortadores, las alfombrillas de corte y las cuchillas de repuesto le permitirán estar siempre preparado para cortar diseños y formas para sus tarjetas y páginas de álbumes de recortes. Las bolsas de almacenamiento de Cricut mantienen su máquina Cricut segura, así como sus artículos organizados; en

Además, no hay que preocuparse por llevar el troquelado a todas partes.

Cómo elegir la Cricut adecuada para ti

Antes de comprar tu primera Cricut , es fundamental que tengas en cuenta todas las opciones posibles para elegir la máquina ideal que se adapte a tus necesidades artesanales.

Para empezar, tienes que abastecerte de lo fundamental, como los cartuchos de fuentes e imágenes de Cricut. Estos cartuchos están disponibles en varios temas para mostrar y conmemorar ciertos eventos, como días festivos, vacaciones o tal vez próximos eventos. También necesitarás una cantidad considerable de papel de varios colores y un tapete para reducir las dimensiones.

Si usted es un ávido álbum de recortes, es necesario considerar la compra de un innovador Cricut Cutter o tal vez la Cricut Expression. Esta máquina en particular va a cortar motivos, formas y letras para embellecer las páginas de tu álbum de recortes. También puede decorar tablones de anuncios, decoraciones para fiestas, carteles, invitaciones de felicitación o tarjetas de cualquier tipo. Los cortadores también pueden cortar tela. Es mejor que almidones primero la tela para que la tarea sea lo más sencilla posible para tu máquina. La diferencia entre las dos es sencilla. La Cricut Expression es un nuevo tipo de 12" x 24" de la Cricut inicial. Esta máquina hace que sea realmente más simple para crear proyectos a gran escala en una cantidad considerable - si usted tiene el nivel correcto de papel. Los cartuchos de fuentes e imágenes se utilizan en ambas máquinas.

¿Quizá haya oído hablar de la Cricut Cake? Este útil cortador en particular está creado para cortar casi cualquier cosa para productos horneados, como hojas de glaseado, chocolate para hornear, tortillas, masa para galletas, fondant, pasta de goma, goma y otras sustancias alimenticias suaves. Cualquiera que sea el material que usted elija para hacer uso de debe ser entre 1/16 ", así como 1/8" de espesor. mantener la hoja completamente limpia en todo momento para ser capaz de garantizar el mejor corte posible.

Otra opción común de Cricut es la Cricut Cuttlebug. Esta máquina en particular es modesta. Se limita a cortar papel de seis

pulgadas de ancho y pesa sólo dos kilos. El Cuttlebug se utiliza principalmente para cortar y repujar hermosas manualidades. Es el método perfecto para decorar varias invitaciones o tarjetas de felicitación. Una vez que incluya una selección de troqueles de color, el Cuttlebug va a estar preparado para el relieve al instante. Estos troqueles son además apropiados con las máquinas Sizzix, Thin Cuts, Big Shot, que proporcionan un objetivo similar.

¿Está interesado en crear sus propias camisetas y diseños en tela? Cricut ha producido además la Yudu para todos aquellos artesanos que disfrutan de la serigrafía y la creación de sus propios diseños. La Yudu permite al usuario conectarse a una impresora de chorro de tinta de rayo láser y desarrollar un estilo para imprimir en pantalla sobre casi cualquier cosa! Los Yudus se utilizaron para cinturones, marcos de fotos, bolsos, zapatos - lo que sea.

Por último, en caso de que quieras alimentar esta nueva obsesión por la Cricut, asegúrate de comprar una de las nuevas Cricut Gypsys. Este práctico dispositivo de mano va a almacenar sus cartuchos de fuentes para un uso portátil rápido. Usted puede desarrollar desde cualquier lugar en el camino, en el consultorio médico, mientras que en vacaciones, o simplemente sentado perfectamente en su sofá. Cualquier cosa que modele en el Gypsy es totalmente transferible a la máquina Cricut para cortar. Si desea guardar su diseño, puede conectarlo a casi cualquiera de sus dispositivos Cricut e imprimirlo más adelante.

Este es un breve resumen de varias de las máquinas de corte que Cricut vende actualmente. Como puede ver, hay una excelente variedad de dispositivos para cualquier tipo de artesanía específica en la que desee concentrarse. Un factor es sin duda. Independientemente de la máquina que usted seleccione va a tener numerosas horas de diversión, así como la inspiración de la producción y la creación de sus proyectos de artesanía.

Capítulo 14 :   Qué es Cricut Design Space

¿Qué es el Espacio de Diseño?

Design Space es el software de diseño gratuito que viene con cada una de las máquinas Cricut. Es muy fácil de usar y, como tal, es fácil de usar. Es una solución de software basada en la nube, lo que significa que todos los archivos del proyecto son accesibles en cualquier dispositivo desde cualquier lugar en el que se tenga acceso a Internet.

Design Space es compatible con Windows, MAC, iOS y Android, lo que ofrece una amplia gama de opciones de dispositivos para trabajar. La mayoría de las máquinas Cricut más recientes también tienen opciones de Bluetooth, lo que facilita la conexión con dispositivos móviles.

Espacio de diseño Q   uick G   uía

Aunque Design Space se utiliza principalmente en línea, también se puede utilizar fuera de línea, así que no te preocupes si pierdes la conexión a Internet.

Tenga en cuenta que la siguiente guía rápida se basa en la última versión de Design Space a fecha de marzo de *2 0 2 0* .

Espacio de trabajo de diseño de la cadena
El espacio de trabajo de diseño de Cricut es la primera pantalla que encontrarás al cargar Design Space. Este es el espacio de trabajo en el que crearás todos tus increíbles proyectos.

Espacio de trabajo/lienzo

El espacio de trabajo es el lugar donde colocará las imágenes, las formas, el texto, etc. para crear sus proyectos. Cricut se refiere al espacio de trabajo como el lienzo, ya que es donde creará sus obras de arte. Es la parte más grande del espacio de trabajo y está en el centro de la pantalla.

El lienzo consiste en una rejilla que representa pulgadas como la configuración por defecto y va de 0 a 60 que es el eje x. El eje Y va de 0 a 60.

El espacio de trabajo tiene una regla en la parte superior y en el lado izquierdo.

Aunque puedes hacer proyectos de gran tamaño y colocarlos en la pantalla, las máquinas Cricut suelen utilizar alfombras de corte de 12" x 12". Esto significa que cualquier proyecto que sea mayor de 12" x 12" tendrá que ser cortado en etapas.

Z oom Control

Situado en la parte inferior del lienzo, encontrará el control del zoom. No es visible hasta que pase el ratón por encima.

Se trata de una herramienta muy útil para los proyectos de mayor envergadura, ya que permite ampliar el proyecto para ver el panorama general.

Panel de diseño

El panel de diseño se encuentra a la izquierda del lienzo. En él puedes restablecer o crear nuevos proyectos, seleccionar plantillas, imágenes, formas, texto o cargar tus propias ideas.

El panel de diseño consta de las siguientes opciones de menú (de arriba a abajo):

- Nuevo - La opción de menú ' Nuevo' refresca el lienzo para un nuevo proyecto. Es como poner un lienzo nuevo en un caballete para empezar una nueva pintura.

- Plantillas - La opción 'Plantilla' colocará un esquema en pantalla de varios elementos para visualizar mejor el proyecto. Por ejemplo, si va a diseñar logotipos de camisetas, deberá elegir la opción "Plantilla" y buscar una camiseta. Aparecerá en el lienzo una plantilla que ofrece las vistas frontal y trasera de una camiseta. Puede personalizar el tamaño y la forma de algunas de estas plantillas, dependiendo de las características de la misma. Sin embargo, es bueno tener en cuenta que las plantillas no se cortan ni se imprimen. Sólo sirven para visualizarlas.

- Proyectos - Cricut tiene bibliotecas llenas de proyectos listos para crear que puedes comprar para ayudarte a empezar. Lo maravilloso de estos proyectos es que puedes personalizarlos. Para los principiantes de Cricut, son una forma estupenda de aprender a utilizar diversas formas y diseños.

- Imágenes - Cricut viene cargado con bibliotecas de diversas imágenes. Hay tanto imágenes gratuitas como las que hay que comprar. Pero el precio es mínimo y si no tienes tiempo para crear las tuyas propias, pueden ser realmente útiles. También puedes comprar cartuchos que contienen diferentes bibliotecas de imágenes.

- Texto - Para poner texto en la pantalla, elija la opción ' Texto'. Cu viene con fuentes del sistema, fuentes que se pueden comprar y algunas fuentes gratuitas de Cricut.

- Formas - La opción "Formas" le permite utilizar formas allienzo. Se ofrecen bastantes formas estándar que podrá aprender a manipular para crear otras adicionales a medida que se familiarice con Cricut. Las líneas de puntuación se utilizan para mantener las marcas de los proyectos de plegado, como tarjetas o cajas de regalo. Marcan las líneas de plegado.

- U pload - U pload es el lugar donde puedes subir tus propios para diseños e imágenes, o proyectos que hayas comprado o descargado de los distintos sitios web que ofrecen proyectos ya hechos.

Barra de cabecera

La barra de cabecera es la barra gris oscura que se encuentra en la parte superior del lienzo. Esta barra contiene las siguientes opciones e información:

- Tres barras horizontales -   Cuando se hace clic en las tres barras, se un menú de opciones. Estas opciones sirven para configurar la máquina, cambiar la configuración básica del software, avisos legales, gestión de materiales personalizados, etc.

- Lienzo -   La opción Lienzo está ahí para ayudarte a navegar de al lienzo actual desde la pantalla de inicio, imágenes, plantillas, etc.

- Título de la página -   ' U ntitled' para los nuevos prohasta que se guarden. Si abre un proyecto guardado, se reflejará el nombre de ese proyecto.

- Mis proyectos - La opción ' Mis proyectos' es un acceso directo para ariproyectos previamente guardados.

- Guardar - La opción 'Guardar' es un atajo para usar cuando quieres guardar tu proyecto. Debería guardar sus proyectos cada pocos minutos o cuando haya completado una sección de un proyecto.

- Make It - El botón verde 'Make It' es el botón 'Go' su proyecto a la fase de pre-corte. Aquí, usted puede comprobar las tablas y la forma en que el proyecto va a ser cortado. Es a partir de esta fase, que usted enviará el proyecto a la inyección de tinta para una impresión y corte o a la Cricut para ser cortado. Aquí es donde configurarás los materiales personalizados y la selección de cuchillas, profundidad, etc. para la máquina.

Editar la barra

La barra de edición permanece en gris hasta que se coloca una imagen, forma, plantilla o texto en el lienzo. Se encuentra justo debajo de la barra de cabecera, pero directamente en la parte superior del lienzo.

Las opciones de la barra de edición están determinadas por el objeto seleccionado en el lienzo:

- Plantillas - Cuando utilice una plantilla, la barra de edición indicará si puede ajustar la plantilla. Estas están predeterminadas por el sistema y usted tendrá que hacer su selección basándose en lo que la plantilla ha sido diseñada. La barra de edición listará los cambios que puede hacer; por ejemplo, una plantilla de camiseta da la opción de ' Tipo' , ' Tamaño' , y ' Color' .

- Opciones comunes - Hay algunas opciones comunes que texto como las imágenes utilizan en la barra de edición. Estas opciones son:

  - Deshacer - Esto deshará la última edición, adición o eliminación.

  - Rehacer - Esto rehará algo que ha sido recientemente deshecho.

  - Tipo de línea -   Esta opción le dice a la Cricut que use una cuchilla para 'C 'Dibujar' con un bolígrafo, o que use el lápiz o la rueda de puntaje para crear una línea de puntaje. Usted puede 'Deboss' con la punta de debossing, 'Engrave' con la herramienta de grabado, y cambiar una línea a perforada que es 'Perf' o ondulada 'Wave' .

Estas son herramientas adicionales para usar con la Cricut.

- Muestra de tipo de línea - Esta es la pequeña caja al lado del "tipo de línea".Cuando haga clic en el cuadro, aparecerá una muestra de color. Esto cambiará el color del objeto seleccionado en la pantalla.

- Relleno - La opción ' Relleno' se utiliza para cortar o imprimir. Esta que dice a Design Space a dónde enviar el proyecto primero. Se utiliza para proyectos de impresión y corte.

- Relleno - Esto cambiará el relleno del objeto seleccionado en la pantalla.

- Seleccionar todo/Deseleccionar - Se utiliza para seleccionar todos los objetos de la pantalla a la vez. Cuando se utiliza, la opción cambiará a "Deseleccionar".

- Editar - opción ' Editar' es donde encontrarás las de edición como ' Cortar' , ' Copiar' , y ' Pegar' .

- Alinear - La función ' Alinear' sirve para alinear los objetos con la parte superior, inferior, central, izquierda, derecha, etc. También se puede utilizar para distribuir uniformemente los objetos seleccionados en la pantalla.

- Organizar - La función "Organizar" cambia el orden en que aparecen los objetos en la pantalla cuando se superponen. Los objetos tienen un orden de apilamiento cuando se superponen en la pantalla. La función "Enviar hacia atrás" envía el objeto seleccionado a la parte inferior de la pila de capas. Mover hacia atrás' mueve el objeto seleccionado una capa hacia atrás. Enviar al frente" envía el objeto seleccionado a la parte superior de la capa. Mover hacia delante" envía el objeto seleccionado una capa hacia delante.

- Voltear - Esta opción se utiliza para voltear la imagen horizontal o verticalmente para crear una imagen de sombra o una imagen reflejada.

- Tamaño - Puede cambiar el tamaño de los objetos seleccionados en la pantalla seleccionándolos y arrastrándolos con el ratón. Esta opción le permite dimensionar el objeto seleccionado o el cuadro de texto completo con mayor precisión si necesita un tamaño exacto. Puede establecer la anchura y la altura de un objeto desbloqueado. Los objetos bloqueados se ajustarán a escala.

○ Girar - Esta opción gira el objeto seleccionado en el grados haya establecido en la casilla.

○ Posición - Puede mover los objetos seleccionados por la pantalla seleccionándolos y arrastrándolos con el ratón. Para un posicionamiento más preciso, puede establecer la posición del eje x y del eje y en estos cuadros.

○ Fuentes -   Hay diferentes tipos de fuentes para elegir. Unas son gratuitas y otras se pueden comprar. El sistema también recogerá las fuentes del sistema que tengas instaladas en el dispositivo en el que estés trabajando.

○ Estilo - Esta opción le permite cambiar el estilo de la letra. Negrita, Cursiva, Subrayado, Negrita y Subrayado, Normal o Escritura.

○ Tamaño de la fuente - Ajuste la fuente al tamaño necesario.

○ Espacio entre letras - Esta opción se utiliza para aumentar o disminuir el espacio entre letras en una palabra.

Panel de capas

El panel de capas se encuentra a la derecha del lienzo. Muestra las diferentes capas de un objeto. Tiene unas cuantas herramientas útiles que necesitarás cuando estés creando tus proyectos.

Panel de sincronización de colores

El panel de sincronización de colores se encuentra en la parte derecha del lienzo y es la pestaña que está al lado del panel de capas.

Este panel es útil cuando se trabaja con varios colores para reducir la cantidad de materiales que requiere el proyecto.

Capítulo 15: Operaciones complejas peraciones complejas

Las máquinas Cricut son bastante sencillas en cuanto a lo que hay que hacer para realizar diseños sencillos, pero es posible que te preguntes sobre algunas de las operaciones más complejas.

A continuación, te explicamos cómo conseguirlo con sólo pulsar un par de botones.

Navegación y calibración de las palas

Es importante entender las cuchillas que vienen con una máquina Cricut, y tendrás que calibrar tus cuchillas cada vez que uses tu máquina.

Cada cuchilla necesita esto porque le ayudará a averiguar qué nivel de profundidad y presión debe tener su corte.

Normalmente, cada cuchilla debe calibrarse una sola vez, lo que es estupendo, porque así no hay que dedicar tiempo a hacerlo cada vez.

Una vez que lo hayas hecho una vez, se mantendrá calibrado, pero si decides cambiar las carcasas de las cuchillas o si las utilizas en otra máquina, tendrás que calibrarlo de nuevo.

Por lo tanto, si usted planea usar una cuchilla y luego una cuchilla rotativa, usted querrá asegurarse de recalibrar - y asegúrese de hacerlo antes de comenzar con su proyecto.

Sin embargo, es increíblemente fácil hacer esto, por lo que se fomenta.

Para calibrar una cuchilla, basta con iniciar el Espacio de Diseño y, desde allí, abrir el menú y elegir la calibración.

A continuación, elija la hoja que va a poner.

A los efectos de esta explicación, supongamos que se utiliza la hoja de un cuchillo.

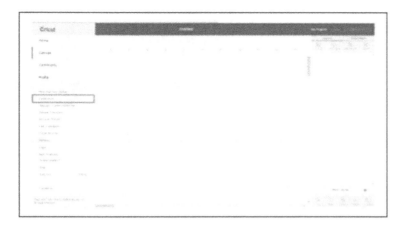

Ponga esa cuchilla en la zona de la pinza B y haga un corte de prueba, por ejemplo con papel de copia en la alfombra, y luego cárguelo en la máquina.

Presione continuar, luego presione el botón de ir en la máquina. A continuación, hará todo lo que necesita para el artículo en sí, y comenzará a cortar.

A continuación, puede elegir qué calibración es la mejor para su hoja, pero normalmente, la primera es suficiente.

Puedes hacer esto con cada cuchilla que utilices, y cada vez que utilices una cuchilla nueva en tu máquina, te recomiendo encarecidamente que lo hagas, para obtener los mejores resultados,

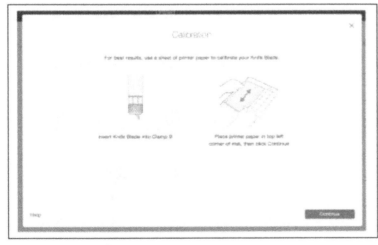

por supuesto.

Establecer el tamaño del papel
Ajustar el tamaño del papel en una máquina Cricut es en realidad bastante simple. Usted querrá usar esto con cualquiera de los

cartuchos o con Design Space para lo que le gustaría hacer.

También viene con una alfombra de corte, y querrás cargarla con papel para poder usarla.

Para ello, deberás asegurarte de que lo tienes conectado y, a continuación, ir a la pantalla de vista previa del proyecto.

Si eliges un material más grande que el tamaño de la alfombra, se cambiará automáticamente y se ajustará según el tamaño del material que selecciones.

Puedes elegir el color, el tamaño del material, si se reflejará o no, y también puedes optar por omitir por completo el felpudo, si no quieres que la imagen se imprima todavía.

Tenga en cuenta que el menú de tamaño del material ofrece tamaños más grandes que el tapete más grande disponible. Si piensas utilizar el modo de impresión y corte, entiende que está limitado a un área de impresión de 8,5x11 pulgadas, pero de nuevo, puedes elegir estos

ajustes por ti mismo.

L oad L ast
Cargar el papel y la imagen por última vez es bastante sencillo.

Literalmente, presiona eso, y luego vete. Usted 'll ser capaz de saltar esto con bastante facilidad. Es una de esas operaciones que es definitivamente un poco diferente de lo que usted puede estar acostumbrado, pero si desea saltar el diseño y no quieren trabajar con él todavía, esta es probablemente la mejor opción para que usted utilice.

Si te preocupa olvidarlo, no te preocupes: Cricut te lo recordará.

Ahorro de papel

Ahorrar papel es algo que querrás considerar con una máquina Cricut porque le encanta comerse el papel incluso antes de empezar a decorar.

La Explore Air 2 definitivamente agradecerá que ahorres papel, y hay algunas formas de hacerlo.

La primera es, por supuesto, reducir a la mitad las alfombras.

Pero no sólo eso. También puedes acudir a la opción de ahorro de material de la máquina, que ajustará y alineará automáticamente tu papel lo mejor posible.

Lamentablemente, en las máquinas más nuevas, no se indica directamente, pero hay una forma de ahorrar papel.

Querrás crear separadores con pestañas para organizar tus proyectos y guardarlos directamente allí.

El primer paso es crear una forma de fondo.

Asegúrate de que el papel tiene aspecto de fondo.

Ve a formas, y luego selecciona el cuadrado para hacer la forma cuadrada. A continuación, una vez que haya creado los cuadrados para representar el papel, organice esto para pasar a la parte de atrás de manera que las formas se organicen para ahorrar el mayor espacio posible en cada tapete.

A continuación, organice los elementos que están encima de donde está el fondo y dispóngalos, de manera que todos quepan en un tapete singular.

La rotación es su mejor amigo - usted puede utilizar esta característica cada vez que elija los objetos, por lo que sugiero familiarizarse con ella. A continuación, ocultar el fondo en este punto, y lo hace mediante la elección de la plaza, y en el Espacio de Diseño, literalmente, ocultando esto en el lado derecho.

Mira el globo ocular en la pantalla y verás una línea que lo atraviesa.

Eso significa que está oculto. Revisa todo y afínalo en este punto.

Asegúrate de que están agrupados en torno a un objeto, y asegúrate de que todo tiene medidas.

Muévelos si están fuera de las medidas requeridas.

Una vez confirmados, los unes en el lado derecho del Espacio de Diseño, lo que mantiene todo bien unido
- todos están cortados de la misma hoja.

A partir de aquí, repite esto hasta que todo esté bien pegado. Te ahorrará papel, pero ¿te ahorrará tiempo?

Eso es discutible, por supuesto.

Marcación rápida

Por lo tanto, el dial de velocidad suele entrar en juego cuando se ajusta la presión y la velocidad. El modo rápido es una de las opciones disponibles en la Explore Air 2 y el

Eso activará el modo rápido para ese elemento. Esto hará que todo sea dos veces más rápido, lo que significa que si estás haciendo diseños de remolinos complejos, te llevará 30 segundos en lugar de los 73 segundos de media que suele llevar.

Todo esto se ajusta normalmente con el dial smart-set, que ofrecerá los ajustes adecuados para que usted obtenga los mejores cortes que pueda en cualquier material que esté utilizando.

Esencialmente, este dial elimina el tener que comprobar la presión en esto manualmente.

Para cambiar la velocidad y la presión de un material concreto que no esté ya determinado con los ajustes preestablecidos, tendrás que seleccionar el modo personalizado y elegir lo que quieres crear.

Por supuesto, el dial smart-set es mejor para los productos Cricut y los tapetes. Si notas que la cuchilla corta demasiado profundo o no lo suficiente, hay una opción de medio ajuste en cada material que puedes ajustar para conseguir el corte ideal.

Por lo general, la forma de hacerlo con los ajustes preestablecidos es cargar ycrear un proyecto, pulsar "go" y cargar la alfombra, luego mover el dial de ajuste inteligente en la propia máquina a cualquier ajuste.

Seleccionemos "Custom" y elijamos la velocidad para este. En el Espacio de Diseño, a continuación, elegir el material, añadir la velocidad de encargo, y se puede ajustar esta configuración.

Incluso puedes ajustar el número de veces que quieres que se cambie el corte con el dial smart-set, también. La velocidad es algo que se puede ajustar para adaptarse al material, lo que puede ser útil si usted está luchando con la creación de algunos buenos ajustes para sus

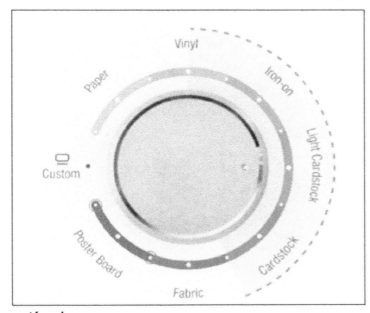

artículos.

Presión D i a l

Ahora, hablemos de la presión. Cada pieza de material requiere diferentes ajustes de presión.

Si no se ejerce suficiente presión, la cuchilla no cortará el material, y si se ejerce demasiada presión, se acabará cortando la alfombra, que no es lo que se desea.

El dial de ajuste inteligente elimina las conjeturas. Sólo tiene que elegir el ajuste que mejor se adapte a su material y, a partir de ahí, dejar que corte.

Si nota que no está obteniendo un corte lo suficientemente profundo, entonces querrá ajustarlo a la mitad para obtener un mejor resultado.

A partir de ahí, ajuste según sea necesario.

Pero, ¿sabías que puedes cambiar la presión en el dial smart-set para obtener materiales personalizados?

Digamos que usted está cortando algo que es muy diferente, como el papel de aluminio, y quiere ajustar la presión para que sea increíblemente ligera para que el papel de aluminio no se rompa.

Lo que se hace es cargar el material y elegir la configuración personalizada

A continuación, puede elegir el material que piensa cortar, como el papel de aluminio, y si no está en la lista, puede añadirlo.

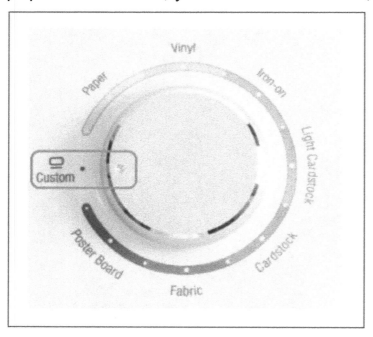

A partir de aquí, se le ofrecen opciones de presión. A menudo, la gente va demasiado pesado con sus ajustes personalizados, por lo que sugiero que usted va más ligero para la primera vez y cambiarlo según sea necesario.

Hay un número de arrastradores que va de bajo a alto. Si necesitas mucha presión, obviamente deja que vaya más alto.

Si no necesita tanta presión, asegúrese de dejarla más baja. También querrá ajustar el número de veces que se realiza el corte en un elemento de características de corte múltiple.

Esta es una manera de conseguir múltiples cortes para el artículo, lo que puede ser increíblemente útil para aquellos que están tratando de conseguir el corte correcto, o si el material es increíblemente difícil de cortar.

No sugiero que se utilice para materiales muy finos y delgados, porque sólo se desperdiciará la cuchilla y la propia alfombrilla.

Eso es todo. Esta es una gran manera de mejorar tus diseños de Cricut. Personalmente,

Me encanta trabajar con cortes personalizados, y siempre puedes eliminarlos si crees que no funcionan.

Sólo tiene que pulsar el botón de cambio de configuración para ajustar la presión, la velocidad o el número de cortes que desea, y luego elegir guardar cuando haya terminado. ¿Y si no te gusta un ajuste y punto?

Puedes borrarlo, por supuesto.

Para eliminar, ve a la configuración de materiales, y verás una pequeña papelera al lado. Pulsa la papelera y el ajuste se eliminará.

Capítulo 16 : diseño A

El espacio de plicación

La aplicación Cricut Design Space se ejecuta completamente desde su navegador web. Esto significa que necesitarás una conexión a Internet activa para poder utilizarlo, pero la descarga de ese plugin te permitirá entrar y salir del Cricut Design Space como quieras desde tu dispositivo. Este plugin le permitirá iniciar la sesión desde su ordenador y su información de inicio de sesión le permitirá descargar el plugin en cualquier dispositivo que elija para que pueda pasar de un ordenador a otro con facilidad.

La primera vez que acceda a Cricut Design Space, se pedirá que informe al programa del tipo de máquina Cricut que desea instalar. Esto le dirá al programa el tipo de máquina con la que se comunicará para que pueda asegurarse de que está colocando correctamente todos sus cortes, líneas y puntuaciones. Una vez que haya completado este paso y su ordenador haya identificado correctamente su dispositivo, querrá hacer clic en el botón "Nuevo Proyecto" que está situado en la esquina superior derecha. Aquí es donde se le pedirá que descargue el instalador del plugin de Cricut Design Space que permitirá que su ordenador y Cricut Design Space se conecten entre sí.

Al abrir el instalador de plugins de Cricut Design Space por primera vez, se le pedirá que vincule su dispositivo a la máquina Cricut que haya seleccionado. El establecimiento de esta conexión permitirá que su ordenador se comunique sin problemas con su máquina Cricut. Una vez establecida la conexión entre su ordenador y su máquina, podrá crear proyectos siempre que lo desee sin tener que restablecer la conexión. Esto significa que puede importar imágenes de otras fuentes, imágenes creadas por usted mismo, o puede utilizar cualquiera de las numerosas imágenes que Cricut ofrece de forma gratuita a través de Cricut Design Space o a través de su suscripción de pago a Access.

Lo primero que debes saber sobre Cricut Access es que no es necesario que tengas esta suscripción para utilizar Cricut Design

Space.

Puedes hacer uso de Cricut Design Space y de todas las funciones que ofrece sin preocuparte de estar atrapado tras un muro de pago.

Las ventajas que obtiene un artesano al inscribirse en Cricut Access varían en función del nivel de suscripción que haya elegido. En este momento, hay tres niveles de suscripción disponibles en el programa Cricut Access.

Estas ventajas para los miembros pueden marcar la diferencia para los artesanos que crean ávidamente muchos proyectos en poco tiempo. Una vez más, estas suscripciones no son en absoluto obligatorias para los artesanos que deseen hacer uso del Cricut Design Space o de su interfaz de fácil uso, pero estos beneficios sustanciales son los que puedes esperar de la membresía, si decides inscribirte.

Su primer diseño

Lo primero que se le presentará cuando inicie Cricut Design Space por primera vez es un rápido tutorial sobre cómo insertar una forma en Cricut Design Space, así como sobre cómo rellenar esa forma insertada con un patrón de color. Usted querrá dar que el proceso de un par de ensayos hasta que esté perfectamente familiarizado con todos los pasos y diversos activos y opciones. Usted querrá ser capaz de introducir una forma en Cricut Design Space, cambiar su Linetype, y cambiar lo que el espacio se llena con. Una vez que usted ha dominado que, usted tendrá la ventaja de averiguar cómo hacer más proyectos dentro de la Cricut Design Space.

https://learn.cricut.com/design-space-for-beginners es un recurso maravilloso con un gran número de vídeos tutoriales para varios proyectos que puedes hacer, resolución de problemas que puedes hacer con tu máquina Cricut, ¡y mucho más que será útil para el crafter en ascenso!

Ahora que has recibido una pequeña introducción a los fundamentos de Cricut Design Space, vamos a realizar un proyecto rápido para que te familiarices con todo el proceso.

En el primer paso, tendrás que seleccionar la opción "Texto". En el cuadro de texto que aparece, usted va a escribir la frase "Good Vibes", yelegir una fuente que está disponible en el espacio de diseño Cricut que te gusta para este proyecto. Tenga en cuenta que algunas de las fuentes disponibles en Cricut Design Space tienen un coste. Si quieres encontrar sólo fuentes gratuitas, puedes elegir las "Fuentes del sistema", que te limitan a las fuentes que ya están instaladas en tu ordenador. Lo positivo aquí es que puedes encontrar fuentes de otras fuentes y utilizarlas para satisfacer tus necesidades específicas.

Una vez que hayas elegido una fuente adecuada para ti y tu proyecto, asegúrate de que el "Tipo de línea" esté configurado como "corte". Una vez que hayas comprobado esto y te hayas asegurado de que los ajustes son los adecuados, puedes hacer clic en "Make it", en la esquina superior derecha de tu pantalla y seguir las indicaciones que aparecen en la pantalla. Si el diseño parece estar bien colocado en la pantalla que aparece después de este paso, entonces continuará con los siguientes pasos.

Verás que, en la parte superior de la pantalla, hay unas pequeñas y útiles medidas. Con esas medidas, puedes cortar un trozo de vinilo autoadhesivo del tamaño adecuado para el diseño que has creado. Con tu alfombrilla Cricut Maker de color azul claro o de agarre claro, puedes alinear tu vinilo, de modo que se alinee con el diseño de la pantalla. Tu diseño se cortará directamente de la pieza que estás colocando en la alfombrilla. Si necesitas hacer ajustes a tu diseño, ¡ahora es el momento perfecto para hacerlo!

Una vez que el vinilo esté justo donde lo necesitas y el diseño se haya ajustado a tus especificaciones, puedes utilizar la herramienta de raspado/quemado para alisar el vinilo sobre la superficie de agarre de tu alfombrilla. La parte posterior de la herramienta ayudará a que se deslice más suavemente sin dejar ningún rasguño en el vinilo. Deberás alisarlo desde el centro, trabajando hacia los bordes. Asegúrate de que tu pieza está completamente plana y que no se forman pliegues, burbujas o imperfecciones en el camino. De este modo obtendrás los cortes más nítidos y limpios posibles.

Ahora que tu vinilo ha sido correctamente pulido en la alfombra y estás listo para seguir adelante, querrás poner tu máquina Cricut en la configuración de "vinilo" para que tu máquina aplique la cuchilla al material con la presión adecuada para tu material. Puedes omitir este paso

paso si tienes una Cricut Maker, ya que ese modelo hará esta parte automáticamente. Deslice su tapete debajo de las guías del tapete en su máquina Cricut. Una vez hecho esto, puedes hacer clic en "Continuar" en la parte inferior derecha de Cricut Design Space y el sitio comenzará a comunicarse con tu máquina. Una vez que esté en el lugar correcto, empuje la alfombrilla hacia los rodillos y haga clic en el botón intermitente Load/U nload que está marcado con una flecha doble. Esto cargará el tapete en la máquina y lo bloqueará en su lugar para que sus cortes sean más precisos.

Una vez que el botón C de la Cricut empiece a parpadear, debes pulsarlo una vez y ver cómo tu máquina Cricut se pone a trabajar. Una vez que la máquina haya completado su corte, retire la alfombra de la máquina y llévela a su espacio de trabajo. Con la parte trasera redondeada de urascador/herramienta de pulido, tendrás que alisar toda la superficie del vinilo en tu alfombrilla. Esto ayudará a que el diseño se desprenda de forma más independiente de la alfombrilla mientras se escarda.

Una vez que el vinilo se haya bruñido por completo, utilizará la herramienta de escarda para recoger los espacios en blanco en los centros y alrededor de las letras de su diseño. Una vez que haya hecho esto, verá que todo lo que queda en la hoja de soporte es su diseño. En este momento, deberá colocar la cinta de transferencia sobre el diseño y bruñirlo por completo. Una vez que esté completamente bruñido con el raspador/herramienta de bruñido, querrás usar alcohol para limpiar la superficie en la que deseas estampar tu diseño. Yo elegí la parte trasera de mi portátil.

Alinea la cinta de transferencia y tu diseño con la superficie sobre la que pretendes colocar tu diseño. Coloque el diseño y, con el rascador/eliminador de imperfecciones, elimine todas las burbujas e imperfecciones hasta que el diseño quede completamente plano y ajustado a la superficie que ha elegido. Ahora, con la parte fina del rascador/herramienta de pulido, tira de una esquina de la cinta de transferencia y hazla retroceder lentamente hasta que se haya despegado por completo de la superficie y de tu diseño, teniendo cuidado de presionar las letras en los lugares en los que puedan intentar salir por el camino.

Una vez que la cinta de transferencia se haya despegado de la superficie, ¡deberías poder admirar tu primer proyecto de Cricut! Buen trabajo!

Capítulo 17 :   Qué puedes hacer con el panel de capas de Cricut Design Space

El diseño del espacio es una herramienta muy compleja que puedes utilizar en tu escritorio,

portátil, tableta o teléfono inteligente; puede ayudar a hacer los proyectos más increíbles con su máquina Cricut. Puedes simplemente cortar, imprimir, puntuar o escribir; puedes ajustar el tamaño u otros parámetros de la imagen, añadir nuevos elementos (como imágenes, proyectos, fuentes), ayudar a personalizar sus proyectos y mucho más. El diseño del espacio puede hacer mucho por usted, y por eso necesita entender correctamente sus paneles o ventanas. Tal vez lo que es más importante son las capas del panel y ver el lienzo, pero no lo voy a estropear para usted. Sin embargo, usted necesita leer lo siguiente para una mejor comprensión de estas ventanas.

Hojas de trucos

Las hojas de trucos se refieren a 12 funciones espacio de diseño que se puede utilizar desde el panel de capas. Estas funciones son increíbles cuando se trata de personalizar sus imágenes. Por lo tanto, en este panel, usted será capaz de ver algunas características interesantes, tales como la rebanada, la soldadura, la conexión, la desconexión, Aplanar, U nflatten, Visible / capa Escondido, Contorno, Grupo, U ngroup, duplicar y eliminar. Por lo tanto, vamos a ir a través de cada función y descubrir lo que puede hacer:

Cortar - esta característica es para dos capas superpuestas, y se puede dividir en partes separadas.

Soldadura - ayuda a que más capas se unan en una sola forma, eliminando cualquier superposición de líneas de corte.

Para adjuntar - Usted puede utilizar esta característica para mantener sus cortes en la posición para que sus imágenes en el corte muestran exactamente cómo la pantalla de diseño. Además, con esta opción, usted debe ser capaz de informar a la máquina en la que la capa de la imagen, que desea colocar el marcador o texto.

Despegar - es exactamente lo contrario de la función anterior, ya que puede eliminar cualquier capa adherida, permitiendo un corte separado o eliminando todas las demás capas.

Aplanar - esta característica puede convertir cualquiera de las imágenes en una imprimible, mediante la fusión de todas las capas seleccionadas en una sola capa.

U nflatten - dividir las capas imprimibles de una imagen en capas imprimibles individuales.

Contorno - si desea cortar caminos en una capa o para ocultar / Contornos Mostrar, esta es la opción que debe utilizar, sin embargo, si la imagen tiene varias capas, éstas se agruparán primero.

Capa visible/oculta - esta opción hará que la capa sea visible en el diseño de la pantalla, o para ocultarla. Sólo tiene que hacer clic en ella para cambiar su estado de visible a oculta una y otra vez. Tenga en cuenta que las capas ocultas, el corte, la escritura o la puntuación no se imprimirán.

Grupo - si quiere agrupar texto, capas o imágenes (para dimensionar o mover juntos el diseño en pantalla), esta es la opción correcta. Por lo tanto, todas las capas múltiples se añadirán a la pantalla de diseño como un grupo. Esta característica no afectará a cómo se colocan las imágenes en el corte.

U ngroup - es el reverso de la función de grupo, ya que la función divide conjuntos de imágenes, o capas de texto, para que el tamaño y el movimiento sean individuales en el diseño de la pantalla. Por ejemplo, si hace clic en U ngroup en una sola capa de un texto, podrá cambiar el tamaño y mover cada letra del texto de forma independiente. Esta opción no influye en la presentación de las imágenes en el corte.

Doble: si quiere crear varias versiones de la misma imagen, esta es la opción que debe utilizar.

Eliminar: basta con seleccionar un elemento en el diseño de la pantalla, y esta opción se eliminará.

No podemos pasar por el panel de capas, sin saber más sobre sus propias capas y el panel de atributos de las capas. Esto se puede abrir haciendo clic en una línea de tipo de icono o una imagen de vista previa en el panel Capas. Usted debe ser capaz de ver que hay cuatro opciones: Cortar, escribir, anotar, imprimir el guardián.

Cortar - esta es la opción que yo

u necesidad cuando se quiere establecer la capa de corte. Durante esta fase, puede seleccionar un color (para la capa) de la paleta de colores actual, ir por los colores básicos, o simplemente utilizar el selector de color personalizado. Si usted sabe una memoria de código hexadecimal, puede escribir para obtener el color exacto que necesita.

Para escribir - Esta opción le permite establecer la capa de escritura y se puede seleccionar de una lista de colores de la pluma Cricut.

Puntuación - también se puede establecer la capa de puntuación, pero la puntuación de un lápiz es necesario.

Imprimir - Con esta opción, usted puede transformar su capa en un imprimible, por lo que se puede imprimir y sólo entonces cortar con la máquina Cricut. La función de aplanar mencionada anteriormente puede ser muy útil porque puede transformar su imagen múltiples capas en una imagen para imprimir una capa.

Es importante entender que la aplicación Cricut Essentials iOS no viene con el panel de capas o el menú de edición, en este caso, sólo tiene que tocar.

Lienzo O irección

El lienzo es sin duda la vista más importante del espacio de diseño. Aquí es donde puedes diseñar tus proyectos o donde puedes editar o añadir imágenes, texto o proyectos. Sin embargo, Canvas sólo está disponible para ordenadores de sobremesa y portátiles (por tanto, sólo para Windows o Mac).

La vista ampliada del diseño del panel tiene algunas opciones interesantes que debe comprobar.

Nuevo - es el icono en el que tienes que hacer clic si quieres crear un nuevo proyecto desde cero.

Plantillas - Le permite trabajar con una plantilla para visualizar su producto terminado.

Proyectos - si quiere navegar, elegir o recortar proyectos, esta es la opción a la que debe acudir. Aquí también encontrará sus proyectos.

Imágenes - le ayudará a acceder a la biblioteca de imágenes de Cricut, donde puede buscar, seleccionar o insertar imágenes. Esta opción también le permitirá cargar sus imágenes en el lienzo.

Texto - este icono le ayudará a añadir palabras o frases al lienzo.

Formas - añada formas básicas como triángulos, cuadrados o círculos. Cargar - Puede cargar archivos para utilizarlos con el espacio de diseño. el

Las extensiones de los archivos pueden ser .jpg, .gif, . png, . svg, .bmp o Estas extensiones son todos los archivos de imagen que se pueden cargar de forma gratuita.

Pasemos a la cabeza, donde también se pueden ver algunas opciones interesantes.

El símbolo de tres líneas apiladas es el botón de menú; la opción se puede utilizar para navegar por el espacio de diseño Cricut. Usted será capaz de ir a Inicio, lienzo, sino también las características como Vincular cartuchos, Configuración, nueva máquina, Ayuda, y Salir.

Al lado, podrá ver el título de la página. Esta página mostrará el espacio de diseño que actualmente es home o canvas. En este caso, la página de título debería mostrar el lienzo, pero ¿adivina qué? Puedes cerrar una pestaña abierta si haces clic en la opción del título.

En el centro de la cabeza, está el nombre del proyecto, por lo que el nombre del proyecto aparecerá allí. Si el proyecto aún no está guardado, sólo se ve sin título.

En el lado derecho de la cabeza, hay la opción; Mis proyectos donde se pueden encontrar todos sus proyectos (vinculados a su Cricut ID), que es completa, o los que están trabajando actualmente.

Al lado, está el botón Guardar, una opción que puede utilizar para guardar un proyecto en su cuenta Cricut. Después de guardar el proyecto, éste será accesible desde cualquier espacio de diseño del dispositivo. Guardar como se puede utilizar para cambiar el nombre del proyecto.

El botón "Hacer" enviará el proyecto a su máquina Cricut si no quiere hacer ningún otro cambio en él. Por lo tanto, prepare sus alfombras, y siga las instrucciones para cortar su proyecto.

Justo debajo de la cabecera, debería poder ver la barra de edición, que tiene algunas características interesantes como deshacer, rehacer, tipos de línea, Rellenar, Seleccionar todo / Borrar, Editar, Alinear, Organizar, voltear, redimensionar, rotar, y mucho más. Aquí es donde la magia, donde se llega a jugar con las imágenes que desea utilizar para su proyecto suceder. Si realmente quieres crear un proyecto excepcional, que no tiene que depender sólo de las características del panel Capas, ya que hay un montón de otras cosas que puedes hacer en la vista del lienzo con la barra de edición. Pero para entender cada botón o una opción en esta barra, tenemos que ir a través de ellos uno por uno.

Deshacer - puede utilizar esta opción para deshacer acciones anteriores

Rehacer - Seleccione esta opción para hacer más acciones previar deshechas

Tipo de línea: esta característica tendrá un gran impacto en la forma en que la máquina interactúa con el material y la alfombra. Hay tres opciones con esta característica:

- Cortar - estas opciones se aplican a las capas, por lo que en este caso, la máquina sólo utiliza un cuchillo para cortar una capa

- Dibujar - le permitirá dibujar la capa utilizando un bolígrafo

- Calificación - le guiará para utilizar la herramienta de puntuación para calificar la capa

Tipo de línea de la muestra - esta es la opción para elegir si los atributos adicionales a la capa. Verá que las opciones de color se basan en el tipo de línea que haya seleccionado. Cuando se selecciona "Cortar", el Swatch aparece sólido cuando se selecciona "Dibujar", aparecerá como un contorno, pero cuando se elige "Puntuación" podrá ver "/" a través del Swach.

Si utiliza la aplicación de diseño espacial para dispositivos Android o iOS, verá claramente las opciones de distribución, alineación u ordenación justo debajo del menú Edición. Sin embargo, no espere encontrar el botón "Seleccionar todo" en estas aplicaciones móviles, así que para seleccionar varios objetos (o todos), tiene que tocar y arrastrar el dedo en la pantalla táctil.

Aunque no se muestra por defecto, la barra de edición de texto es una parte muy importante de la vista ampliada ya que permite realizar diferentes ajustes para el texto en el espacio de diseño. Esta barra se muestra inmediatamente después de insertar el texto cuando se selecciona un objeto de texto desde el punto de vista del lienzo o yendo a una capa en el panel Capas.

Como consejo, si desea ahorrar materiales, reducir el número de materiales que se utilizan para un proyecto, es necesario consolidar los colores de su proyecto. Utilice el panel de sincronización para arrastrar y soltar las imágenes a otra capa para que coincida con el color. Puede hacer un acercamiento para ver de cerca o de forma general el proyecto. Deberías poder ver estas opciones en la esquina inferior derecha de la pantalla, por lo tanto, simplemente pulsa "+ " para acercarte y "-" para alejarte. La primera opción se puede utilizar si quieres ver tu proyecto más de cerca, y la segunda es para tener la información general, o la visión de conjunto.

Capítulo 18 :   I deas del Proyecto Cricut

Bouq uet de papel

Las flores son bonitas, pero no tardan en marchitarse. ¿Qué tal unas de papel? Te durarán para siempre. Utiliza este ramo como decoración en tu casa o para un evento. Las novias con poco presupuesto pueden incluso llevar esto al altar en lugar de un costoso arreglo floral. Encontrarás un montón de plantillas en Cricut Design

Espacio para diferentes flores. También puedes buscar más en Internet, o puedes probar a hacer las tuyas propias. Un ramo puede estar compuesto por un tipo de flor, la misma flor en diferentes colores, una variedad de flores, o una variedad de flores, todas del mismo color. Depende del aspecto que quieras darle, así que utiliza el método que mejor te parezca. Puedes utilizar cartulina lisa, cartulina estampada o usar acuarela para crear un degradado de colores que te guste. Para los tallos, los limpiapipas son más fáciles de trabajar y se pueden cubrir con papel de seda o algo similar. También se pueden dejar a la vista para darles un aspecto más artesanal. El alambre floral dará un aspecto más realista, pero es más fino y requiere algo de trabajo.

Materiales

necesarios

Cartulina

Pistola de pegamento

Alfombra de corte de

palo ligero

Herramienta de

escarda o pico

Limpiapipas verdes o alambre

floral Instrucciones

Abre Cricut Design Space y crea un nuevo proyecto.

Seleccione el botón "Imagen" en la esquina inferior izquierda y busque "flores de papel".

Selecciona la imagen con varios trozos de flores y haz clic en " Insertar". Copie las flores y cambie el tamaño para dar variedad a su ramo.

Coloca tu cartulina en la alfombra de

corte. Envíe el diseño a su Cricut.

Retira el borde exterior del papel, dejando las flores en el tapete.

Uuede utilizar su herramienta de desbroce o recoger con cuidado las flores de la alfombra.

Pega las piezas de la flor en los centros, con los pétalos más grandes en la parte inferior.

Dobla o riza los pétalos como quieras para crear múltiples looks.

Pega las flores en los extremos de los limpiapipas o en secciones de alambre floral.

Reúne las flores en un jarrón o envuélvelas con papel de seda.

Disfruta de tu hermoso ramo!

Borlas

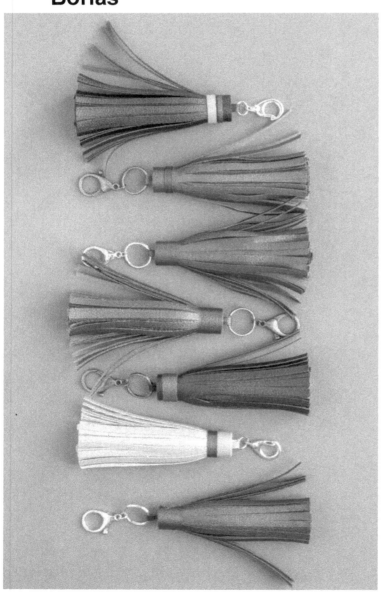

Las borlas tienen usos casi infinitos. Son increíblemente fáciles de hacer y se pueden personalizar para adaptarlas a cualquier propósito que desees. Añádelas a los bordes de los cojines o las mantas, cuélgalas de una cuerda para hacer un cartel, utiliza una como llavero o tirador de cremallera, ¡y un millón de cosas más! También puedes probar a hacerlas con cuero o piel sintética para conseguir un aspecto más elegante. Las borlas son bonitas en casi todo.

Suministros necesarios

Rectángulos de tela de 12"

x 18" Alfombra de tela

Pistola de pegamento

Instrucciones

Abre Cricut Design Space y crea un nuevo proyecto.

Selecciona el   botón "Imagen" en la esquina inferior izquierda y busca "borla".

Seleccione la imagen de un rectángulo con líneas en cada lado y haga clic en " Insertar".

Coloca la tela en la alfombra de

corte. Envía el diseño a la Cricut.

Retira la tela del tapete, guardando el cuadrado sobrante.

Coloque la tela boca abajo y comience a enrollarla con fuerza, empezando por el lado no cortado. Untegre los flecos según sea necesario.

Uuede utilizar algunos de los restos de tela y una pistola de pegamento caliente para fijar la borla en la parte superior.

Decora lo que quieras con tus nuevas borlas!

Bolsa de cordón con monograma

Las bolsas con cordón son rápidas y fáciles de usar. Son igual de fáciles de hacer. Incluye los pasos para coser las piezas, pero incluso puedes usar pegamento para tela si no eres bueno con la aguja y el hilo. Puedes tener estas bolsas a mano para que cada miembro de tu familia las coja y las lleve cuando las necesite. Puedes distinguirlas con los monogramas, o utilizar un diseño diferente en cada una para personalizarlas para un determinado uso o simplemente para decorarlas. Incluso puedes utilizarlas como bolsas de regalo. Este proyecto utiliza vinilo de transferencia térmica para los diseños, así que necesitarás tu Cricut EasyPress o una plancha.

Suministros necesarios

Dos rectángulos de tela a juego

Aguja e hilo

Cinta

Vinilo de transferencia térmica

Cricut EasyPress o

plancha Alfombra de

corte

Herramienta de

escarda o pico

Instrucciones

Abre Cricut Design Space y crea un nuevo proyecto.

Seleccione el   botón "Imagen" en la esquina inferior izquierda y busque "monograma".

Seleccione el monograma de su elección y haga clic en " Insertar".

Coloque el material para planchar con el lado brillante hacia abajo

en la alfombra de corte. Envíe el diseño a la Cricut.

 Utilice la herramienta de desbroce o el pico para eliminar el exceso de material.

Retire el monograma del tapete.

Centra el monograma en tu tela, luego muévelo un par de centímetros hacia abajo para que no se doble cuando se dibuje la cinta.

Planche el diseño en la tela.

Coloque los dos rectángulos juntos, con el lado exterior de la tela hacia adentro.

Cosa alrededor de los bordes, dejando un margen de costura. Deje la parte superior abierta y deténgase a un par de centímetros de la parte superior.

Dobla la parte superior de la bolsa hacia abajo hasta llegar a las puntadas.

Cosa a lo largo de la parte inferior del borde doblado, dejando

los lados abiertos. Gire la bolsa por el lado derecho.

Pase la cinta por el lazo que rodea la parte superior de la

bolsa. U   uede utilizar su nueva bolsa con cordón para llevar

lo que necesite.

Calcetines con estampado de patas

Los calcetines son la prenda de abrigo por excelencia. Ningún pijama está completo sin un par. Añade un bonito detalle oculto en la parte inferior de tus calcetines o los de tu hijo con pequeñas huellas de patas. Demuestra tu amor por tu mascota o por los animales, en general, cada vez que te acurruques. Puedes hacer esto con casi cualquier diseño pequeño o incluso utilizar texto para añadir una cita en la parte inferior de tus pies. Puedes utilizar cualquier tipo de calcetines que te resulte cómodo. Para facilitar la lectura, asegúrate de que el color del calcetín y el del vinilo contrasten. O bien, ¡hazlos del mismo color para conseguir un diseño oculto! El brillo del vinilo resaltará sobre la tela bajo ciertas luces. Como se utiliza vinilo de transferencia térmica, necesitarás tu Cricut EasyPress o una plancha.

Materiales

necesarios

Calcetines

Vinilo de

transferencia

térmica Alfombra

de corte

Cartón de desecho

Herramienta de

escarda o pico

Instrucciones de la

Cricut EasyPress o de

la plancha

Abre Cricut Design Space y crea un nuevo proyecto.

Seleccione el botón "Imagen" en la esquina inferior izquierda y busque "huellas".

Selecciona las huellas de tu elección y haz clic en "

Insertar". Coloca el material planchado sobre la

alfombra.

Envíe el diseño a la Cricut.

Utilice la herramienta de escarda o el pico para

eliminar el exceso de material. Retire el material del

tapete.

Coloca el cartón de desecho dentro de los calcetines.

Coloque el material para planchar en la parte inferior

de los calcetines. Utilice la EasyPress para

adherirla al material planchado. Una vez enfriado,

retire el cartón de los calcetines.

Lleva tus bonitos calcetines con estampado de patas!

Almohada Cielo Nocturno

El cielo nocturno es algo hermoso, y te encantará tener un trozo de él en una acogedora almohada. Personalízala con las estrellas que más te gusten o añade constelaciones, planetas, galaxias y mucho más. Tanto los adultos como los niños pueden disfrutar de estas preciosas almohadas. Una máquina de coser hará que este proyecto sea muy fácil de montar, o puedes usar una aguja e hilo. Si no se te da bien coser, utiliza pegamento para tela para cerrar la almohada. Elige una tela suave que te guste para poder acurrucarte con esta almohada. Necesitarás tu Cricut EasyPress o una plancha para pegar el vinilo de transferencia térmica.

Suministros necesarios

Tejido negro, azul oscuro o morado

oscuro Vinilo de transferencia

térmica en oro o plata

Alfombra de corte

Herramienta de

bateo de poliéster

para escardar o

escoger Cricut

EasyPress

Instrucciones

Decide la forma que quieres para tu almohada y corta dos formas iguales de la tela.

Abre Cricut Design Space y crea un nuevo proyecto.

Seleccione el   botón "Imagen" en la esquina inferior izquierda y busque "estrellas".

Selecciona las estrellas de tu elección y haz

clic en " Insertar". Coloca el material planchado

sobre la alfombra.

Envíe   el   diseño   a   la   Cricut.

Utilice la herramienta de escarda o el pico para eliminar el exceso de material. Retire el material del tapete.

Coloque el material para sobre la tela. Utilice la EasyPress para adherirla al material de planchado.

Cose las dos piezas de tela juntas, dejando un margen de costura y un pequeño espacio abierto.

Rellene la almohada con relleno de poliéster a través del pequeño espacio abierto. Cosa la almohada para cerrarla.

Acurrúcate a tu almohada estrellada!

Bolso de mano

Los bolsos de mano son una cosa increíblemente útil para tener a mano. Son más pequeños que un bolso normal, pero lo suficientemente grandes para guardar lo que necesitas, y puedes usarlos para cualquier ocasión. Crea unos cuantos de estos en diferentes colores y diseños para que combinen con diferentes atuendos. Este bolso está inspirado en un proyecto que Cricut tiene en el Design Space. Es el más avanzado de los proyectos de tela de este libro y el que más costuras requiere.

Suministros necesarios

Dos telas, una para el exterior y otra para el interior

Vellón fusible

Anillo en D de la

alfombra de corte

de tela

Broche de presión cosido

Z de

encaj

e

Máquina de

coser Tijeras

para tela

Llavero o colgante de su elección

Instrucciones

Abre Cricut Design Space y crea un nuevo proyecto.

Seleccione el   botón "Imagen" en la esquina inferior izquierda y busque "cartera esencial".

Seleccione la plantilla de cartera esencial y haga clic

en " Insertar". Coloque la tela en el tapete.

Envía el diseño a la Cricut.

Retire la tela de la alfombra.

Fijar el tejido termoadhesivo en el revés de la tela exterior. Fije

el encaje a los bordes de la tela exterior.

Ensamble la correa del anillo en D.

Coloque el anillo en D en la correa y cósalo en su lugar.

Dobla las piezas del bolsillo por el lado contrario sobre la parte superior de la cremallera y cóselas en su sitio.

Doblar el revés del bolsillo y coser los lados. Cosa

el broche de presión en el bolsillo.

Coloque el bolsillo en el lado derecho del forro de la tela principal de manera que las esquinas del fondo del bolsillo queden detrás de los bordes curvos de la tela del forro. Cosa la pieza del forro a la cinta de la cremallera.

Doblar el forro por detrás del bolsillo y plancharlo.

Cosa el otro lado del broche de presión.

Recorte la cremallera para que no sobresalga del borde.

Coser las dos capas de bolsillos a la tela exterior por la parte inferior.

Coser alrededor de todas las capas.

Recorta los bordes con unas tijeras de tela.

Gire el embrague casi completamente del revés y cosa la abertura para cerrarla.

Gire el embrague al revés y presione las esquinas en su lugar.

Coloca tu colgante o llavero en la

cremallera. Lleva tu nuevo clutch allá donde

vayas!

Capítulo 19 :   Cartucho

Si ha participado en la fiebre generalizada de Cricut, que no cesa de recorrer el país, sin duda estará satisfecho de no tener que pagar nunca más los elevados costes de los primeros cartuchos de Cricut. El cartucho Lite Cupcake Wrappers no es un caso especial para esta norma.

El cartucho de envoltorios de magdalenas I tself

Tal vez se haya dado cuenta por el nombre de que este cartucho es una pieza de la colección "Light". Los cartuchos Lite han terminado inmediatamente siendo muy bien apoyado, desde su descubrimiento. Ellos don 't haemucho, excepto llenar en los agujeros explícitos tema del cartucho dentro de la reunión del cartucho completo, sin embargo por tener material de la sustancia no adulterada y significativamente menos de los elementos adicionales generalmente desperdiciado, que igualmente tienen sentido para ser un lío progresivamente moderada.

El cartucho Lite Cupcake Wrappers fue hecho para cada uno de esos perforadores de masa de pasteles (y particularmente de cupcakes). El cartucho viene con 50 imágenes de soporte o envoltura de cupcake únicas que están listas para elegir y quitar para sostener su cupcake recién preparado. El arreglo también ofrece una pequeña decisión de decoraciones para cupcakes que son perfectas para arreglar su cupcake definitivo hecho a mano.

Usted debe amar exactamente cómo hacer cada envoltura de la magdalena es actualmente tan natural y rápida, y el efecto visual completado es lindo. Cuando usted comienza a utilizar este cartucho para adornar la mayoría de sus cupcakes hechos a mano, confía en mí, no simplemente un viejo pastel 'despojado' en un instante terminan siendo increíblemente poco interesante, también buscará oportunidades para calentar pasteles para cualquier evento con el fin de obtener todos los elogios de todo el mundo que los ve.

Los diseños y tamaños

Las imágenes de las estructuras de los envoltorios de las magdalenas oscilan entre los ejemplos frágiles, de aspecto de blonda, y los cada vez más

estilos contemporáneos, junto con algunos modelos que incorporan palabras y expresiones valiosas, por lo que seguramente hay un formato único que se adapta a cada ocasión de cupcakes.

Una de las preguntas más incesantes con respecto a este cartucho es con respecto al tamaño. Las estructuras de la envoltura se puede cortar en tamaño obligar a cualquier tamaño de la magdalena (sensiblemente hablando, obviamente), sin embargo, ser advertido de que usted puede necesitar para ensayar en más de una ocasión antes de transformarse en un especialista con lo que las medidas de su máquina se debe establecer sobre el límite de la magdalena en particular. La buena noticia es que, sin duda, tendrá la opción de conseguir la caída de ella en un breve plazo.

Compromiso I deas

Normalmente, en caso de que sólo esté preparando un montón de cupcakes para gastar usted mismo, sin duda no tendrá ningún deseo de utilizar este cartucho. Sin embargo, para cada otro evento, es sin duda un requisito incuestionable para cambiar de cupcakes fundamentales en un toque de algo único. Un montón de personas utilizan este cartucho específico para arreglar las magdalenas estándar servido en fiestas infantiles y para eventos sociales, de todos modos en cualquier lugar un pastel o dos se descubre, el cartucho Lite Cupcake Wrapper puede hacer cada uno de ellos simplemente significativamente más excepcional.

Consejos para asegurar su longevidad

En primer lugar, asegúrese de asegurarlo constantemente. Cuando termine de utilizarlo, coloque una extensión sobre su enredo. El plástico transparente puede soportar una cantidad decente. En el caso de que tenga dos alfombras, utilice ambas para cubrirse mutuamente. Asimismo, elimine cualquier papel abundante que esté abandonado en el revestimiento del suelo. Puede hacerlo utilizando toallitas para niños. En cualquier caso, si sus esteras Cricut han superado su vida normal a pesar de los esfuerzos genuinos de su parte para cuidar de ella, puede utilizar un chapoteo de tejer para recuperar su pegajosidad.

Los cartuchos son una discusión constante entre los usuarios de Cricut por diversas razones.

Un cartucho es lo que contiene las imágenes y las fuentes que vas a cortar. La mayoría de los cartuchos contienen 700 u 800 imágenes. Los cartuchos Lite contienen unas 50 imágenes y tienen una o dos funciones creativas. A pesar de las limitaciones, puedes ser creativo y producir cientos de variaciones con esta opción más económica.

Por lo general, se recibe al menos un cartucho con la compra de la máquina. A veces, éste está precargado en su máquina como cartucho digital. Puede comprar cartuchos digitales descargables en línea para su uso inmediato o puede comprar los cartuchos físicos de plástico que se introducen en la máquina.

Cuando compras un cartucho, puedes usar ese cartucho físico en tu máquina, o también tienes la opción de vincular ese cartucho al Cricut Craft Room (CCR).

El Craft Room le permite ver sus imágenes en la pantalla de su ordenador, lo que facilita la visualización y manipulación de sus proyectos.

Al enlazar con CCR, no tendrá que molestarse en cambiar sus cartuchos físicamente. Si piensa vender los cartuchos alguna vez, entonces NO los vincule. Una vez enlazados, no podrá venderlos legalmente. Esto es comprensible. Algunas personas podrían vincularlos a la Sala de Artesanía, para tener acceso a las imágenes y luego vender el cartucho físico.

Para enlazar sus cartuchos, tendrá que hacer lo siguiente. Cargue el cartucho que desea añadir en su máquina. Vaya a la Sala de Artesanía. Bajo todos los cartuchos seleccione mis cartuchos. Verá una lista detos Busque el cartucho que desea añadir y haga clic en Vincular y siga las indicaciones.

Otra ventaja de añadir tus cartuchos a la Sala de Oficios es que podrás sacar imágenes de varios cartuchos para utilizarlas a la vez. Si utilizas el cartucho físico, sólo puedes utilizar las imágenes de un cartucho a la vez.

Si compras un cartucho usado debes preguntar si está vinculado. Si lo está, podrá seguir utilizando el cartucho físico en su máquina, pero no podrá vincularlo al Craft Room. Un cartucho sólo puede ser vinculado una vez. Es posible utilizar el cartucho en el Craft Room, pero no se puede vincular. Tendrá que tener el cartucho físico en su máquina para cortar las imágenes.

Manuales digitales para facilitar la lectura   ef erencia

¿Sabías que puedes descargar el manual digital de cualquier cartucho y guardarlo como archivo PDF en tu ordenador? Sólo tienes que ir aCricut.com y hacer clic en tienda, imágenes y cartuchos. Selecciona cualquier cartucho, haz clic en él y desplázate por la página hasta que veas el enlace del manual digital, ábrelo y guárdalo en tu disco duro para poder consultarlo fácilmente.

Compartir archivos de corte

Un archivo de corte es básicamente un proyecto que alguien ya ha creado y maquetado en su Cricut. Han guardado el archivo y lo han compartido en su blog o en el Craft Room. Lo que esto hace es que te ahorra recrear la rueda por así decirlo.

Si ves un proyecto que te gusta, puedes guardar el archivo en tu ordenador. A continuación, vaya a la sala de manualidades e importe ese archivo. Así podrás hacer los mismos recortes sin tener que pensar en cómo colocar todo. Las imágenes ya están dimensionadas y maquetadas para ti.

La ventaja de esto es que puedes ahorrarte mucho tiempo utilizando diseños que otros ya han creado.

Pero aquí está la parte complicada, debes poseer los cartuchos de los que provienen las imágenes. No puedes hacer los cortes si no tienes los cartuchos de los que provienen las imágenes.

También puedes guardar tus propios proyectos y compartirlos en la Sala de Manualidades para que otros los utilicen.

Cuando veas un proyecto bonito en Pinterest o en un blog de manualidades, quizá quieras preguntar si el archivo de corte está disponible y, si es así, qué cartuchos utiliza.

Organización

Si eres como la mayoría de los artesanos, incluyéndome a mí, con el tiempo te verás invadido de "cosas" de artesanía. Tendrás pilas de papel, rollos de vinilo y

otro material que usted está planeando utilizar algún día esparcido por toda su área de artesanía.

Sus cartuchos pueden estar amontonados y usted tiene que dedicar veinte minutos a buscar cada vez que necesita una superposición o un folleto específico.

Al final, esto crea una sensación de caos y frustración tal que te da pavor entrar en tu cuarto o zona de manualidades.

Todo esto puede solucionarse con algo de organización. Puede que te lleve unas cuantas horas ponerlo todo en orden, pero te ahorrará incontables horas en el futuro. Ya no te sentirás deprimido cada vez que mires tu espacio de trabajo.

Las tiendas de manualidades suelen tener contenedores especialmente fabricados para ciertos tipos de manualidades. Pero quizá quieras empezar por tu cadena de tiendas local. Suelen tener departamentos de manualidades y material de oficina en los que puedes encontrar unidades de almacenamiento baratas.

Puedes encontrar contenedores en los que puedes clasificar todo el papel en pequeñas estanterías según el color y el tipo de papel. Si no te gustan los de la tienda de manualidades, prueba en una tienda de suministros de oficina. Si vives en una zona extremadamente húmeda, puedes guardar el papel en contenedores de plástico.

Otra opción es buscar ventas de garaje que digan "artículos de artesanía". Mucha gente se gasta cientos de dólares en preparar una manualidad y luego descubre que no tiene tiempo o ganas de pasar mucho tiempo haciendo la manualidad. Esto puede ser una bonanza para otros artesanos.

Las cajas de fotos se pueden utilizar para mantener los cuadernillos y las superposiciones seguras y organizadas.

Algunos artesanos copian sus superposiciones, las plastifican y las encuadernan en anillas donde se pueden añadir o quitar fácilmente.

Existen estuches, carpetas y bolsas especiales para transportar los cartuchos.

Capítulo 2 0:   V ocabulario de Cricut

Con respecto a comenzar con una máquina Cricut y la programación de espacio de diseño, puede ser abrumador, tratando de dar sentido a lo que cada una de las capacidades y términos. A pesar de que usted está en el borde de utilizar cada uno de esos materiales de artesanía impresionante, antes de saltar en los ejercicios de instrucción, puede ser útil para aclimatarse con toda la terminología que emplea Cricut.

A continuación descubrirá más de 40 términos y su significado al trabajar en el Espacio de Diseño.

Alinear

En el momento en que se eligen al menos 2 elementos en el lienzo, esta capacidad los alinea según la determinación del enfoque, a la izquierda, a la derecha, etc.

Adjuntar

El aparato de fijación tiene una razón de dos solapamientos. Le permite mantener las imágenes en comparación con otras en la alfombra de corte y además le da la oportunidad de adjuntar líneas de puntuación y contenido a las imágenes.

Organice

La organización de una imagen le permite moverla antes, detrás o en medio de otras capas de imágenes presentes en el lienzo.

Sincronización del color

La tabla de Sincronización de Colores ayuda a fusionar los colores de un proyecto para disminuir el número de materiales o colores de materiales que usted tendría que utilizar cuando se dirija a la pantalla de corte.

Contorno

El aparato de Contorno le da la oportunidad de recubrir segmentos de una capa de imagen rápidamente con el objetivo de que no se corten.

Botón de corte

La tecla de corte corresponde al botón del símbolo de Cricut en un lado de su teclado. El botón será presionado para comenzar el corte.

Líneas de corte

Las líneas de corte son los contornos de la forma del marco de cada superficie que se cortará al comenzar.

La pantalla de corte, también conocida como botón "Make it".

La pantalla que ayuda después de hacer clic en el botón "make it" en la parte superior derecha, esta pantalla estará disponible cuando la máquina está cortando los diseños.

Alfombra de corte

Las alfombrillas de corte son las que se adhieren al material para apilarlo en la máquina Cricut.

Borrar

Borrar expulsará una imagen para siempre del lienzo.

Deseleccionar todo

Deseleccionar todos los elementos a partir de ahora

seleccionados en el lienzo. Espacio de diseño

La programación basada en la nube de Cricut para diseñar y realizar sus proyectos.

Dibujar líneas

Las líneas de trazado o líneas de dibujo serán el tipo de línea que utiliza el bolígrafo para escribir un texto o dibujar una imagen.

Duplicado

Clonar cualquier imagen de la

pantalla Barra de edición

El trabajo de edición le permite cortar, reordenar cualquier

elemento del lienzo. Rellenar

Rellenar una imagen implica que un ejemplo o impresión se pone para rellenar un vector presente en el lienzo.

Aplanar

El aplanamiento implica que un vector presente, que tiene al menos 2 capas, puede ser transformado en una imagen imprimible para el elemento Print then Cut.

Voltear

Al voltear la imagen se transformará 180 grados en horizontal o en vertical.

Grupo

El comando Agrupar permite seleccionar numerosas capas de imagen o texto presentes en el lienzo y moverlas a la vez como un solo elemento para no influir en su formato.

Imágenes o biblioteca de imágenes

Imágenes que puedes comprar o utilizar a cambio de nada en el segmento de participación de Cricut o de regalo de Design Space.

Capas (panel)

Las capas aluden a una imagen unida en el lienzo. Varias imágenes pueden "superponerse" entre sí o ir al revés y avanzar.

Botón de carga

El botón de carga es el botón de perno de dos pliegues presente junto al botón de corte de la máquina. Este botón se aprieta para cargar y descargar la alfombra de corte de la máquina.

Ajustes del material

Los ajustes del material están disponibles en Design Space o en el dial o en la máquina Explore. Estos son críticos para establecer el peso que la hoja utilizará en el material seleccionado.

Imagen reflejada

Reflejar invierte una imagen con el objetivo de que esté al revés. Esto es importante cuando se trabaja con el vinilo de movimiento de calor, por lo que el proyecto completado se permeabilizar el cojinete derecho, y hay una capacidad simple para que en la pantalla de corte.

Sin relleno

Sin relleno implica que no hay diseño de impresión presente en el vector seleccionado en el lienzo.

Imprimir y cortar

Una imagen aplanada en el lienzo regularmente con un ejemplo (o relleno de color) se enviará a su impresora doméstica a través de Design Space y después un marco de esa imagen impresa cortada por la máquina.

Rehacer

Rehacer una actividad en curso que se deshizo al trabajar en el Espacio de Diseño.

Deshierbe inverso

Desmalezamiento exactamente opuesto; el vinilo que de otro modo habría sido abandonado

Girando

Rota cada imagen de 360 grados en el lienzo.

Líneas de puntuación

Las líneas de puntuación son arrugas de papel o material que se utilizan con un marcador o una rueda. Puedes encontrarlas bajo el botón de formas.

Seleccionar todo

El botón de seleccionar todo le permite seleccionar

efectivamente cualquier imagen. Tamaño

El tamaño es el elemento de una imagen o elemento cuando se selecciona en el lienzo.

Formas

El botón de formas le permite incrustar cualquier forma geométrica fundamental en su lienzo

Cortar

El instrumento de corte crea nuevos cortes a partir de 2 imágenes. Traerá al menos 3 nuevas formas que se presentan como nuevas capas.

SVG (también conocido como gráfico vectorial escalable)

Un documento de corte SVG es un registro vectorial que puede ampliarse o reducirse y mantener sus objetivos. Se compone de líneas que comprenden infinitas motas para lograr esta flexibilidad.

Texto o fuente

El texto es el medio por el que puedes escribir palabras y rehacer tu escritura con fuentes y contenidos excepcionales dentro de Design Space.

Undo U   ndo una actividad en curso en

el Espacio de Diseño. U   n grupo

Una agrupación le permite mover cada capa de un vector en el lienzo de forma individual con respecto a sus compañeros.

Un cargamento

Ua carga es el punto en el que usted incluye sus propias imágenes vectoriales, de impresión o de relleno de ejemplo a Design Space.

Desmalezamiento

La manera de expulsar el indeseable exceso de vinilo de un diseño cortado.

Soldar

El dispositivo de soldadura le permite consolidar 2 formas simples en una nueva forma para una sola línea de corte. La soldadura se utiliza habitualmente con el texto para crear palabras cursivas consistentes.

Capítulo 2 1:   Trucos y consejos

1. Regístrese en Cricut Accessibility

Si realmente quieres obtener el máximo de poseer una Cricut Research Air dos, entonces abogamos por suscribirse a Cricut Accesibilidad. Es posible pagar una cuota mensual de alrededor de $ 10, o incluso una cuota anual que resulta ser marginalmente más barato por mes.

El acceso a Cricut le proporciona acceso a más   trabajos y más de 370 fuentes, si es probable que utilice su propia Cricut mucho, entonces eso puede ahorrar una gran cantidad de dinero en efectivo que si usted debe obtener cada empresa y la imagen por separado.

Además, es menos molesto cubrir una tarifa fija que estresarse por la cantidad de dinero que se gasta realmente en los proyectos. Y todo ello se traduce en un aumento de la productividad. Aprovecha tu dinero con tu Cricut creando los increíbles trabajos de Design Space.

2. Destape su alfombra de corte

Destaca tu propia alfombra de corte Cricut un poco!

La Explore Air 2 suele incluir la alfombrilla verde de corte normal, aunque la Maker generalmente vendrá con la alfombrilla de cierre de luz gris completa. Usted pone sus cosas en la estera antes de colocarlo en la máquina.

El tapete de corte verde es bastante pegajoso cuando es nuevo. Una vez que la tapa de plástico fuera, entonces usted puede poner una camiseta limpia y estéril dentro de la estera para ser capaz de cebar a su primer trabajo. Es bastante difícil de adquirir que la cartulina fuera, incluso en el caso de que usted tiene todos los recursos, cuando está en su pegajosidad completa! Es sencillo dañar el proyecto mientras se intenta quitarlo.

No debería tener este problema con el tapete de cierre de luz sombría, lo que significa que también podría comprarlo para sus trabajos de tarjetas y papel en lugar de despegar el tapete.

3. Mantenga sus fundas para alfombras de corte

Las alfombras de corte incluyen un escudo de plástico. Se puede retirar y volver a colocar fácilmente.

Mantuvimos nuestro pago y lo pusimos de nuevo nuestra estera una vez que hemos terminado con esto se mantiene la estera pegajosa y limpia por más tiempo!

4. Fijación de la alfombra de corte Cricut

De vez en cuando (o incluso cada vez que la uses), dale un lavado a tu alfombra de corte con unas toallitas de bebé.

Los paquetes de agua sin alcohol y sin aroma son los mejores. Esto puede ayudar a mantenerlo libre de la creación utilizando cartulina y residuos de plástico fuera del borde de corte, y el polvo normal de la familia y la pelusa a la deriva alrededor.

5. Consiga las herramientas ideales

Incluye un instrumento útil, también un raspador, pinzas y una espátula junto con unas tijeras. Es especialmente beneficioso tener la herramienta de desbroce si está pensando en cortar plástico adhesivo o vinilo de transporte de calor.

6. El punzón de la Cricut

Así, varios de los trabajos con tarjetas piden que se adquiera el puntero de puntaje. Yo no compré uno con mi equipo inicialmente, y por lo tanto tuve que esperar a que llegara hasta que realmente pudiera ir a un trabajo mejor. Si usted compró su sistema como parte de un paquete, podría poseer el estilete de puntuación contenido, así que vuelva a comprobarlo.

7. Comience con el proyecto de muestra

Una vez que llegue su dispositivo, comience con el trabajo de muestra.

El aire de investigación dos y fabricante incluyen cosas de la muestra para un trabajo inicial. A menos que usted compra un paquete de Cricut, se obtiene el número mínimo de cosas para hacer esta pequeña cosa, sin embargo, es ideal para empezar simple!

En lugar de intentar hacer algo grande y elaborado, simplemente empieza aquí para tener una idea de cómo funcionan las cosas en cuanto a software y hardware.

8. Recortes de evaluación

Después de hacer sus propios trabajos, puede ser sensato realizar un corte de prueba antes de hacerlo por completo. Si la cuchilla se ha ajustado demasiado baja, destruirá su alfombra de corte. Cuando es demasiado grande puede que sólo corte marginalmente a través de su vinilo, cartulina, etc. y estropear sus materiales.

Hacer un recorte de prueba puede implicar pedirle a su sistema que corte un pequeño círculo. Compruebe que la atmósfera es correcta y haga los ajustes necesarios.

9 . Alterar las tapas de los bolígrafos después de la u tilización

Es muy importante tener la tapa puesta al terminar de usarla para que no se seque. Son demasiado costosos para desperdiciarlos. Lo bueno de los trabajos de Design Space es el hecho de que con frecuencia te pide que vuelvas a poner la tapa.

10. Cartuchos Cricut envejecidos

No olvide conectar a su cuenta los cartuchos más antiguos que haya obtenido de un dispositivo anterior. Es un proceso bastante sencillo, como se muestra a continuación.

Cada oportunidad puede ser simplemente conectada después, así que si usted está echando un vistazo a la compra de algunos de segunda mano, entonces afirmar que esto no se ha logrado todavía!

Además de utilizar las herramientas adecuadas para eliminar su cartulina o plástico en el tapete principal, hay otro truco para salir de él.

En lugar de despegar el proyecto de la alfombra, lo que podría provocar un rizado (o una deformación general), despegue la alfombra de la empresa. Doble el tapete de la tarjeta en lugar de hacerlo al revés.

11. Comprar la cuchilla de corte profundo

No hay nada peor que poner el corazón en un proyecto y luego descubrir que no tienes las herramientas ideales.

La cuchilla de corte grueso permite cortar a mayor profundidad cuero, cartulina, aglomerado y mucho más. Esta cuchilla funciona con todas las Explore Air 2. Es necesario no sólo para obtener la cuchilla, pero la carcasa de la cuchilla también.

12. Documentos SVG totalmente gratuitos

No tiene que utilizar únicamente los diseños de la tienda de espacio de diseño. Usted puede hacer sus documentos SVG o utilizar otros documentos SVG libres que se pueden encontrar en todo el mundo wide web.

13 Cargar correctamente la alfombra

Asegúrese de que su alfombra está bien rellena antes de empezar a cortar. Debe deslizarse por debajo de los rodillos. Su dispositivo probablemente comenzará a cortar antes de la tapa de la rejilla en la estera o tal vez no si no se ha cargado directamente.

14. U tilizar fuentes gratuitas

Encontrarás muchos sitios web de fuentes gratuitas para empezar a utilizarlas.

Busca en Internet un listado de fuentes gratuitas para Cricut. Solo tienes que descargar la fuente e instalarla en tu propio ordenador, y aparecerá en tu Cricut Design Space.

Lamentablemente, uno de los mejores tipos de letra, Samantha Font, no está disponible de forma gratuita, sin embargo, ¡comprueba esa conexión para saber dónde puedes conseguirlo para obtener el mejor precio!

15. Instalación de temas

Después de instalar una cinta en su ordenador, es posible que desee iniciar sesión en Cricut Design Space antes de que su fuente aparezca allí. Puede que incluso tenga que reiniciar su ordenador para que aparezca (la mía no aparecía sin reiniciar mi ordenador).

Para más información, lea la forma de configurar las fuentes de Cricut Design Space.

16. Fijación de las cuchillas

Al igual que lo que, las cuchillas Cricut utilizar a cabo. Si las reducciones ya no son tan suaves y potentes es hora de un cambio. Otros indicadores que desea una hoja nueva para comprender:

§Tearing plastic or card

§Levantar o arrancar el vinilo de la hoja de soporte

No cortar hasta el final (asegúrese de que su ajuste de corte es correcto también)

Puedes comprar cuchillas nuevas en Amazon o consultar la Guía de cuchillas de Cricut para ver más opciones de compra.

17. Siempre que su favorito pierde su palo

La limpieza de su tapete es 1 enfoque para un poco más de vida de su tapete de corte. Sin embargo, si es más allá de esto, y usted no ha comprado una nueva estera de corte todavía, usted puede cinta de su plástico o tarjeta para mantenerlo en su posición.

Evidentemente, no es necesario pegar la cinta sobre un lugar completamente, sino que algunos lados deben realizar el trabajo. Incluso una cinta adhesiva moderada para pintores es ideal para esta tarea y no debería dañar su cartulina.

18. Varias cuchillas para diferentes materiales

Algunas personas juran usar diferentes cuchillas para cortar cada sustancia.

Por ejemplo, utilizar una cuchilla que sólo utilice para cartulina, y otra que sólo utilice para el vinilo. Esto se debe a que una variedad de cosas se desgastará de otra manera en sus propias cuchillas. Cortar plástico es más sencillo para la cuchilla que cortar cartulina.

Tener una cuchilla comprometida para conseguir vinilo significa que se mantendrá afilada y lista, en lugar de tener una cuchilla para conseguir todo lo que inmediatamente se desafila y luego levanta su vinilo!

19 . Reflejar sus imágenes para HTV

Si vas a cortar vinilo de transferencia térmica con tu Cricut, tendrás que reflejar tu propio diseño.

Una vez que elijas "Hacerlo", hay una opción para reflejar tu diseño (como se ve a continuación), y tendrás que elegir esta opción para cada alfombra individual.

20. Coloque el HTV de la manera perfecta U p

Para bajar el vinilo de transporte de calor, tendrá que poner su lado pulido hacia abajo en la alfombra exterior.

De este modo, la hoja portadora está debajo, junto con el lado de plástico opaco está en la parte superior. Es difícil determinar qué lado de la hoja de soporte es alrededor, así que recuerda el lado pulido hacia abajo y vas a estar bien!

21. Cajas de escarda

Si usted está cortando un diseño poco o intrincado, o está cortando una gran cantidad de diseños únicos en una sola hoja de vinilo, por lo que puede ayudar a utilizar cajas de escarda.

Simplemente utiliza el instrumento cuadrado en cricut design room para poner un recuadro alrededor de tu diseño y coloca ambos componentes juntos. U nlock silueta en la esquina inferior izquierda manipularlo en un rectángulo.

Esto hace que la eliminación de la maleza sea más fácil que la eliminación de varios diseños al mismo tiempo en una hoja de vinilo, e incluso más simple que tratar de observar dónde están sus diseños, y cortarlos individualmente con tijeras.

22. No te olvides de establecer el dial

Esta sugerencia parece una obviedad; sin embargo, ¿cuántas veces he olvidado cómo modificar la colocación del material?

Es una cosa fácil de pasar por alto - Sobre todo una vez que finalmente ha completado su diseño y realmente desea obtener el borde de recorte! Lo gracioso es que Cricut Design Space realmente te dice exactamente en qué sustancia se pone el dial si estás a punto de cortar un diseño -
- pero no es difícil olvidar eso también!

Ahórrese el error de cortar hasta una alfombra de corte, o quizás a través de su cartulina - ¡compruebe su conexión telefónica!

23 Mantener una fuente de materiales

Si quieres empezar un proyecto y no tienes las herramientas perfectas. En estos casos, hemos sido capaces de trabajar sin estilete de graduación, sin el lápiz ideal para un trabajo y sin cuchilla de corte profundo. Sin embargo, otra molestia es si quieres hacer un proyecto y te has quedado sin plástico de pegamento, HTV o cartulina.

Capítulo 2 2 :   Vender y obtener beneficiosplataformas para vender sus artesanías

La creatividad de tus diseños y la habilidad que desarrollarás pueden perm crear y poner en marcha su propio negocio si lo desea. Para los novatos entusiastas, se enfrentarían a muchas preguntas como:

¿Por dónde empiezo?

Como en cualquier negocio de nueva creación, hay que abordar las cuestiones iniciales para superar las posibles dificultades. Por ejemplo, es importante abordar desde el principio cuestiones como la definición de mi clientela, los productos que pueden interesar, dónde encontrarlos y cómo obtener un margen de beneficio de mis ventas. En otras palabras, necesitarás una buena y bien definida estrategia comercial para empezar.

Elegir mi clientela

Puedes dirigirte a dos vías para vender tus productos: o bien buscando la forma de acercarte al mercado local o bien a través de Internet. Es aconsejable concentrar los esfuerzos en un solo enfoque para empezar, ya que tu objetivo es generar beneficios lo antes posible. No olvides nunca que tu objetivo es aumentar los beneficios y reinvertirlos para que tu negocio se expanda. Cuanto más rápido aumente sus ventas, más probable será que reinvierta en nuevas herramientas o nuevos productos, lo que hará, a su vez, que su volumen de negocio sea más fuerte. Entender tu estrategia de marketing es la clave de tuéxito.

Alcanzar los mercados locales

Puede explorar la opción de vender sus productos de "empresa a empresa". En esta configuración, el volumen de ventas es tan importante como el tamaño de la producción. Este es el equilibrio más difícil de alcanzar para un nuevo negocio basado en Cricut. La ventaja de obtener trabajo por contrato significa que se puede negociar para comprar una gran cantidad a los proveedores. Sin embargo, estas oportunidades "de oro" son difíciles de encontrar, ya que estos contratos están abiertos a la competencia. Sin embargo, como nueva empresa emergente, puede presentar sus productos específicamente adaptados a los clientes empresariales. Un enfoque de trabajo a medida ofrece aspectos positivos, ya que las empresas siempre buscan originalidad y buenos productos.

Al crear una relación de este tipo, es probable que su empresa se convierta en un punto de referencia para futuros contactos, con lo que se abren muchas oportunidades de venta. Sin embargo, es importante tener en cuenta que encontrar ese nicho es difícil, ya que la competencia es muy dura.

Otro enfoque a considerar para vender sus productos es el de "empresa a cliente". En este modelo, aunque el volumen de ventas sigue siendo importante, tu objetivo es presentar tus productos a clientes minoristas dispuestos a comprarlos. La creatividad y la imaginación serán las claves de tu éxito, así como el tipo de soporte y medio en el que quieras trabajar (por ejemplo, camisetas, tazas). Igualmente importante es el espacio de venta que tendrá que elegir para ofrecer sus artículos. Experimentar diferentes lugares y productos forma parte de los esfuerzos de un nuevo negocio. Además, un enfoque de trabajo personalizado para los clientes locales presentará ventajas, ya que los costes de puesta en marcha son los más bajos de todas las diferentes estrategias descritas hasta ahora. Sin embargo, como nuevo negocio en el sector, empezar puede ser difícil. El boca a boca puede ser su primer paso, así como la producción de buenos productos a un precio asequible.

Venta de O   nline

Si usted es un adepto de los conocimientos técnicos superiores, entonces puede generar grandes beneficios proporcionando un trabajo de calidad a medida, una oferta masiva o una red informativa. Para empezar, es aconsejable concentrar sus esfuerzos en un enfoque. Si elige, por ejemplo, un enfoque de trabajo a medida, aumentará las posibilidades de encontrar clientes potenciales que busquen sus productos, ya que acuden a un motor de búsqueda como Google para encontrar lo que buscan. Sitios web como Amazon Handmade o Etsy proporcionan una buena plataforma que permite vender servicios de diseño personalizado. Igualmente eficaz es el lanzamiento de su sitio web. Merece la pena estudiar esta estrategia. Vender en línea presenta ventajas como los bajos costes de puesta en marcha y el acceso al mercado global con acceso a millones de clientes potenciales. Además, los precios de los productos personalizados en línea suelen ser más bajos que los del mercado local. Sin embargo, el acceso al mercado global significa que la competencia es dura, lo que obliga a que los productos tengan un precio competitivo. Vender en línea requiere ciertos conocimientos de logística en cuanto al envío y embalaje de sus productos preocupados, un factor de coste que hay que tener en cuenta en sus precios.

Si el enfoque de la oferta al por mayor o las ventas por volumen es el que prefiere, entonces las ventajas son similares a la reducción del coste por unidad producida. eBay y Amazon se han convertido en las mayores plataformas. Por otro lado, si el enfoque del negocio minorista en línea es más bien lo que usted prefiere, entonces este enfoque le dará la posibilidad de determinar la demanda de los diseños que ofrece y planificar la producción en consecuencia. Pero vender en línea significa desafiar a la competencia existente.

Por último, si prefieres vender tus productos en línea a través de la red de información, puedes convertirte en una autoridad en la materia, creando la oportunidad de generar beneficios con tus diseños de Cricut. Al ofrecer blogs sobre conocimientos técnicos o trabajos de inspiración, te vuelves selectivo en los puestos que quieres asumir.

Empezar un nuevo negocio requiere ante todo una estrategia empresarial, la base de su futuro éxito. Preguntarse quiénes serían sus clientes potenciales, qué tipo de productos puede venderles y cómo son los primeros pasos de una futura empresa emergente.

Capítulo 2 3 : Herramientas y accesorios de Cricut ccesorios

HERRAMIENTAS Y ACCESORIOS DE CRICU T

Cricut tiene mucho que ofrecer en cuanto a herramientas y accesorios. Hay máquinas que ofrecen para adaptarse a diferentes propósitos de artesanía, que tienen sus propios accesorios y herramientas también.

Para las máquinas de corte Cricut, esto es lo que está

disponible: Cricut Maker Cuchillas de corte

Además de la cuchilla de corte Explore, la Cricut Maker tiene
hojas de corte adicionales que permiten realizar detalles de corte intrincados en una variedad de materiales.

La Cricut Maker viene con una cuchilla adicional, la revolucionaria cuchilla rotativa para cortar todo tipo de telas. A diferencia de la cuchilla media, ésta dura mucho más porque evita las mellas que suelen producirse en su línea de trabajo. Puede comprar cuchillas adicionales por separado, pero una sola cuchilla debería durar para varios proyectos.

Alfombras de corte

Las alfombrillas de corte de Cricut vienen en una variedad de tamaños y grados de adherencia. Dependiendo del material que utilices, querrás menos o más adherencia en tu alfombrilla, para mantener el material en su sitio mientras cortas.

El desbrozador de Cricut

La herramienta weeder, que se parece a un pico dental, se utiliza para eliminar el espacio negativo de un proyecto de vinilo. Esta herramienta es una necesidad cuando se hace cualquier tipo de proyecto que involucra el vinilo. Tratar de deshacerse de los accesos de vinilo es casi imposible sin un escardador, especialmente con materiales como la purpurina iron-on. Un escardador es una herramienta útil para cualquier tipo de proyecto que utilice adhesivos. En lugar de recoger el adhesivo con las yemas de los dedos, utilice la herramienta weeder y mantenga sus dedos libres de suciedad pegajosa.

El rascador Cricut

El rascador de circuitos es esencial (y un salvavidas) cuando necesitas eliminar el exceso de negativos de tu alfombra de corte. Esta herramienta suele funcionar mejor con el papel, como la cartulina, pero también se pueden raspar fácilmente otros materiales. Aprovecha la flexibilidad de la alfombrilla para raspar los trozos de la alfombrilla, para asegurarte de que no estás raspando también el adhesivo de la alfombrilla. También puedes utilizar el rascador de Cricut como soporte de la línea de corte, lo que te permite doblar la línea de corte con un borde nítido. También puede utilizarse como herramienta de pulido para la cinta de transferencia de Cricut, ya que permite separar la cinta de transferencia del soporte sin problemas.

La espátula Cricut

Una espátula es una herramienta imprescindible para un artesano que trabaja con mucho papel. Sacar el papel de la alfombrilla de corte de la Cricut puede dar lugar a muchos desgarros y a que el papel se enrosque si no se es diligente y se está atento a la hora de retirarlo. La espátula está diseñada para deslizarse por debajo del papel, lo que le permite retirarlo de la alfombrilla con cuidado. Asegúrate de limpiarla a menudo, ya que es probable que se acumule el adhesivo después de varios usos. También se puede utilizar como rascador si no tiene a mano su herramienta de rascado.

Tijeras

Estas afiladas herramientas resultan muy útiles en los proyectos de Cricut, y tener un par de ellas hace que sea mucho más fácil completar tus proyectos.

Pinzas para manualidades

Estas pinzas de acción inversa tienen un fuerte agarre, puntas precisas y alivian los calambres después de un uso prolongado.

Espátula

A veces sientes que necesitas un par de manos extra cuando estás pelando o colocando un proyecto. Esta herramienta le da ese apoyo extra y maniobrabilidad donde lo necesita.

Lápiz marcador

Esta herramienta se puede cargar en la pinza A de su máquina Cricut. Esto permitirá que la máquina dibuje líneas profundas en su proyecto para darle textura o un punto de plegado preciso. Este mismo efecto se puede conseguir con otras herramientas del mercado, pero Cricut lo hace más sencillo y rápido con este accesorio.

Recortadora portátil

Esta es una herramienta de corte de precisión que le permite obtener cortes rápidos, nítidos y rectos en sus proyectos el 100% de las veces. Existen otras versiones de este producto en el mercado, por lo que debes estar atento a las que tengan buenas críticas y un precio bajo.

Kit de corte rotativo

Este kit incluye una alfombra de corte cuadriculada y una herramienta de corte rotativa. Los cortes son rápidos, nítidos y precisos. No es la única herramienta rotativa disponible en el mercado, y es ideal para cortar telas y piezas de scrapbook.

X L Herramienta de raspado/quemado

Esto proporciona un nivel de control insuperable. Ejerce una presión uniforme y ayuda a eliminar las capas irregulares y las burbujas de aire. Esta herramienta es muy recomendada por la comunidad de usuarios.

Juego de artesanía de papel - Si usted está particularmente en la artesanía de papel, usted encontrará el borde distresser, herramienta quilling, herramienta de perforación, y la estera de artesanía en este conjunto para ser bastante a su gusto. Q uilling o arte de filigrana de papel está ganando popularidad en estos días, y estas son algunas de las mejores herramientas disponibles para ese arte.

Cuchillo TrueControl™

Se trata de una cuchilla de precisión comparable a la X ACTO en calidad y tipo. Para cortes más precisos a mano alzada, esta cuchilla es muy útil en cualquier estación de artesanía.

Adaptador inalámbrico Bluetooth® de Cricut Explore

Este producto es para ayudar a su máquina Cricut Explore a conectarse con Bluetooth a su ordenador o dispositivo. La Cricut Maker tiene esta capacidad incorporada, pero también se puede añadir a su máquina Explore.

Cuchillas de recambio de punta profunda

Estos ayudan a su máquina Cricut a realizar cortes más precisos con materiales más gruesos.

Cuchillas de tejido adherido

Estas cuchillas están pensadas para mantener su punta extremadamente afilada, corte tras corte en la tela en su máquina.

Cuchillas de repuesto

Con diferentes propósitos como el debossing, el grabado, la perforación y más, se pueden comprar también en Cricut. Estas son específicamente para el modelo Cricut Maker, mientras que las cuchillas de repuesto especificadas anteriormente son para los modelos Cricut Explore.

La prensa Cricut Easy

Si empieza a aventurarse en los proyectos de planchado y quiere dejar de usar la plancha y la tabla de planchar tradicionales, la Cricut Easy press es el camino a seguir. Hará que los proyectos sean mucho más fáciles que usar una plancha tradicional. La prensa Easy de Cricut es conocida por ayudar a mantenerlos adheridos durante más tiempo, esencialmente no más desprendimiento de los diseños después de uno o dos usos y lavados. La plancha Easy también elimina todas las conjeturas sobre la cantidad correcta de tiempo de contacto, así como la temperatura. No correrá el riesgo de quemar el papel de transferencia o la tela.

La Cricut Brightpad

El diseño ligero y de bajo perfil de la Cricut Brightpad

reduce el cansancio de la vista al tiempo que facilita las manualidades. Está diseñado para iluminar las líneas finas para trazar, las líneas de corte para escardar y mucho más. Es fino y ligero, lo que permite un transporte duradero. BrightPad hace que las manualidades sean más agradables gracias a su superficie ajustable y uniformemente iluminada. Las brillantes luces LED se pueden ajustar dependiendo del espacio de trabajo. El único inconveniente de este accesorio es que debe estar enchufado mientras se utiliza. No contiene una batería recargable.

La máquina Cricut Cuttlebug

La Cricut Cuttlebug es una máquina de corte en relieve y troquelado que ofrece portabilidad y versatilidad a la hora de cortar y estampar una gran variedad de materiales. Esta máquina ofrece resultados de aspecto profesional con relieves limpios, nítidos y profundos. Esta máquina va más allá del papel, permitiéndole grabar en relieve papel de seda, láminas, cuero fino y mucho más.

Capítulo 2 4 : I magos v e c t o r e s

Las imágenes vectoriales son archivos que tienen numerosas capas, en su mayoría creadas en un programa como el Adobe Illustrator.

Varios archivos como . svg y, archivos dxf pueden ser cargados a Cricut Design Space y todos serán cargados como numerosas capas con cada capa de color de la imagen separada en diferentes capas del espacio de diseño.

Tienes que hacer clic en la tecla verde y blanca "subir imagen" desde la pestaña U pload en tu espacio cricut.

A continuación, puedes soltar o arrastrar un archivo de imagen a la ventana o hacer clic en "Examinar" para abrir un archivo de imagen.

Sólo tienes que nombrar tu imagen y añadirle etiquetas si quieres, y luego hacer clic en el botón verde de "guardar".

Seleccione la imagen cargada en la sección "Imágenes cargadas recientemente" y haga clic en el botón "Insertar imágenes" para añadirla a su proyecto.

Cuando añada una imagen básica, ésta se mostrará en la parte posterior, pero la imagen vectorial aparecerá en los colores que utilizó el archivo vectorial original. La imagen básica será una sola capa en la barra de herramientas de la derecha, la imagen vectorial se dividirá en capas de color.

El corazón coloreado suele ser una capa, mientras que la forma básica está sombreada en uno de los tres colores (rojo, blanco y azul). Los diferentes colores actúan como capas en Cricut Design Space, al cortar los diseños, automáticamente divide el blanco, el azul, el rojo y el negro en cuatro cortes distintos para que pueda cortarlos de distintos colores o materiales si lo desea. Si el archivo SVG cargado es todo en un color, Space dividirá cada capa en una capa / grupo separado en su proyecto.

V ect o r Upload

1. Seleccione el archivo deseado . svg o . dxf.

2. Nombra tu imagen y etiquétala para facilitar la

búsqueda más adelante. Seleccione Guardar.

3. Vuelva a la pantalla U pload. La nueva imagen aparecerá debajo de la pantalla en la biblioteca de imágenes cargadas. Haga clic en la imagen para seleccionarla y añadirla a su pantalla de diseño, luego seleccione Insertar Imágenes para añadirla a su pantalla de diseño.

4. Las imágenes vectoriales aparecen como una imagen agrupada en el lienzo. Las capas de la imagen se pueden mover por separado si están desagrupadas.

Consejo: Las imágenes cargadas también están disponibles en la pantalla de imágenes. Puede buscar por nombre o etiqueta de la imagen o seleccionar U ploaded en el filtro de la parte superior derecha de la pantalla de imágenes.

Importante: Todas las imágenes son sólo a título ilustrativo. Cricut le anima a que respete los derechos de propiedad intelectual de otras personas y a que sólo copie las imágenes que posea y esté autorizado a utilizar.

Si no quiere que la forma de fondo se imprima en color, cambie el color de la forma a blanco. A menos que su impresora tenga un cartucho de tt blanca, no imprimirá en color.

1. Inserte la forma que desea utilizar para su proyecto. Tamaño y formato según se desee.

2. Añade texto al lienzo, cambia el estilo de escritura de la fuente y elige un color para el texto. Disponga el texto como desee para la forma de su proyecto. Asegúrese de que el texto está completamente en la forma para asegurar que el texto no se corta.

3. Seleccione Todo y haga clic en Aplanar debajo del panel Capa

4. Haz clic en el botón Make It para imprimir tu imagen y cortarla en tu máquina.

Impresión de estilo de escritura sin forma de fondo

1. Añade texto al lienzo, cambia el estilo de escritura de la

fuente y elige un color para el texto. Organice el texto de su proyecto como desee. Si es necesario, utilice la opción "Adjuntar" para mantener la posición relativa del texto.

2. Cambie la escritura para imprimir el tipo de línea. Elija el color si lo desea. Haga clic en Hacerlo.

3. Seleccione y aplique su número de copias del proyecto, luego haga clic en Continuar. Tenga en cuenta que no hay manera de imprimir sin marcar el sensor de corte.

4. Haga clic en Enviar a la impresora, seleccione la impresora y elija el número de copias.

5. Haga clic en Cancelar para volver al lienzo sin cargar la hoja impresa. Ya ha terminado.

Nota: Como esta imagen no será cortada por la máquina, no active el interruptor de sangrado.

Impresión de imágenes de escritura sobre la forma del fondo
Consejo: Si no quiere que la forma de fondo se imprima en color, cambie el color de la forma a blanco. A menos que su impresora tenga un cartucho de tiblanca, no imprimirá en color.

1. Inserte la forma que va a utilizar para su proyecto. Dimensione y formatee como desee. Algunas imágenes de Write están diseñadas con una forma de fondo cortada. Compruebe el panel de capas para ver si ha elegido una capa de corte de fondo.

2. Añade un lienzo Escribe la imagen. Arregla la imagen para que la forma de tu proyecto y el tamaño encajen en esa forma. Asegúrese de que la imagen está completamente en forma para asegurar que la imagen no se corta.

3. Seleccione todo y haga clic en Aplanar debajo del panel de Ca

4. Haga clic en el botón Make It para imprimir en su impresora doméstica y cortarlo en su máquina.

Escribir imágenes sin forma de fondo

1. Añada una imagen de escritura en el lienzo. Utilice la herramienta Adjuntar cuando utilice varias imágenes de

112

escritura para mantener la posición relativa de las imágenes.

2. Cambie la escritura para imprimir el tipo de línea. Elija el color si lo desea. Haga clic en Hacerlo.

3. Seleccione y aplique su número de copias del proyecto, luego haga clic en Continuar. Tenga en cuenta que no hay manera de imprimir sin marcar el sensor de corte.

4. Haga clic en Enviar a la impresora, seleccione una impresora de la lista, seleccione cuántas copias desea imprimir y, a continuación, haga clic en Imprimir.

5. Haga clic en Cancelar para volver al lienzo sin cargar la hoja impresa. Ya ha terminado.

Nota: Como esta imagen no será cortada por la máquina, no active el interruptor de sangrado.

Por qué nunca debes usar estos tipos de I magos y los I magos a utilizar

Nota: las imágenes disponibles pueden variar según la región en función de los acuerdos de licencia.

1. Entra en el Espacio de Diseño y crea un nuevo proyecto.

2. Haga clic en Imágenes en la parte izquierda de la pantalla de diseño del ordenador Windows / Mac o pulse Imagen en la esquina inferior izquierda de la aplicación iOS / Android.

3. Puedes navegar, buscar y filtrar las imágenes segúr necesidades.

• Todas las imágenes-Ver imágenes o buscar una imagen específica de toda la biblioteca de Cricut.

• Categorías: busque imágenes seleccionando una categoría de imágenes.

• Cartuchos-Por favor, utilice una lista de más de 400 cartuchos Cricut o busque uno específico.

4. Puede seleccionar e insertar varias imágenes en su

proyecto.

5. Una vez insertados, puede editarlos como sea necesario para su proyecto. El cuadro delimitador que aparece alrededor del texto cuando se selecciona. Cada esquina del cuadro delimitador permite una edición rápida.

Arriba a la izquierda-

borrar   imagen

Arriba a la derecha-

        girar la

imagen

Abajo a la izquierda -   bloquea/desbloquea

las proporciones de la imagen Abajo a la

derecha -   tamaño de la imagen

EnhancedPrintableImages-Imágenes diseñadas con decoración patrones, listos para imprimir y cortar.

Cómo utilizar imágenes en cricut design space

En el espacio de diseño de Cricut, hay básicamente tres fuentes de imáger

1. Imágenes premium: son imágenes creadas originalmente por el equipo creativo. Hay miles de imágenes disponibles, incluidas las gratuitas y las premium.

2. Imágenes con licencia: incluyen personajes y diseños de marcas populares como Disney, Marvel, Fx o Hello Kitty. También disponibles individualmente y en sets.

3. Imágenes de diseñadores: desarrolladas para su uso en colaboración con diseñadores de primera línea como Annna Griffin y Channel. También disponibles para su compra individual o en conjunto.

U sing premium, imágenes de diseño con licencia para visualizar su diseño esabsolutamente libre, si usted está suscrito a ellos o no. Lo único que tienes que hacer es añadir todas las imágenes que quieras al lienzo y organizarlas, editarlas o eliminarlas según determines lo que necesites.

Conclusión:

Gracias por llegar hasta el final. Cricut Design Space es el mejor amigo de los entusiastas de las manualidades, o de cualquier persona a la que le guste diseñar y crear. Ofrece más de 250 diseños distintos en muchos tamaños. Los diseños pueden ser más grandes en comparación con una pulgada o más grandes alrededor de una pulgada. Los diferentes ángulos de corte ofrecen una disminución de la precisión - todo esto junto con las plantillas que son atractivas en conjunto con los alfabetos entrelazados, proporcionan considerablemente para seleccionar.

Todo lo que quieras hacer con el Cricut Design Space sólo está limitado por tu propia imaginación. Las máquinas Cricut incluyen cápsulas Cricut para facilitar su uso. Las cápsulas comprenden numerosas plantillas incorporadas increíbles para una variedad de dimensiones y aplicaciones. Este aparato también puede ser bastante sencillo de vigilar. Los diseños pueden ser elegidos desde el cartucho o pueden ser hechos a medida utilizando el estudio de diseño Cricut para tener la originalidad a las alturas elevadas - pero que el ordenador es vital para esta función particular.

Así que has dominado el Cricut Design Space, eres un experto crafter, tus habilidades de garbage booking son legendarias, ¿ahora qué? ¿Por qué no poner tus habilidades a trabajar para ti?

Usted se encontrará con decenas de miles de decenas de miles de artesanos felices que adoran con su plataforma de corte de troquel Cricut, pero haven' t realmente tiene las aplicaciones para funcionar como ellos necesitan, que es donde usted comein. Usted está en condiciones de seleccionar las órdenes de encargo y hacer que los archivos de corte que sus clientes pueden utilizar dentro de su impresora de troqueles. O bien, colgar foros de artesanía y averiguar lo que los individuos quieren y crear los archivos de corte y la oferta en eBay.

Cada propietario de un negocio en casa debe anunciar su sitio. Mezclar los grupos de medios de comunicación o colocar su servicio en los sitios de anuncios clasificados o foros. Entonces, ¿cuál es esta idea para ganar dinero? Comenzar un servicio de decoración de plástico Cricut.

CPSIA information can be obtained
at www.ICGtesting.com
Printed in the USA
BVHW011014030521
606335BV00006B/1156